山东大学主办
山东大学国际问题研究院承办

编辑部联系方式：
地　　址：山东省威海市文化西路180号山东大学国际问题研究院
邮　　编：264209
投稿邮箱：dongyapinglun@163.com
电　　话：0631-5680812

山东大学主办

山东大学国际问题研究院承办

东亚评论

第37辑

张蕴岭◎主编

世界知识出版社

图书在版编目（CIP）数据

东亚评论．第37辑／张蕴岭主编．—北京：世界知识出版社，2023.4

ISBN 978-7-5012-6641-8

Ⅰ.①东…　Ⅱ.①张…　Ⅲ.①政治—东亚—丛刊　Ⅳ.①D731-55

中国国家版本馆CIP数据核字（2023）第054693号

责任编辑　刘豫徽
责任出版　李　斌
责任校对　张　琨

书　　名　东亚评论（第37辑）
　　　　　Dongya Pinglun（Di 37 Ji）
主　　编　张蕴岭

出版发行　世界知识出版社
地址邮编　北京市东城区干面胡同51号（100010）
经　　销　新华书店
网　　址　www.ishizhi.cn
投稿信箱　lyhbbi@163.com
电　　话　010-65265923（发行）　010-85119023（邮购）
印　　刷　北京虎彩文化传播有限公司
开本印张　787毫米×1092毫米　1/16　13⅞印张　1插页
字　　数　167千字
版次印次　2023年4月第一版　2023年4月第一次印刷
标准书号　ISBN 978-7-5012-6641-8
定　　价　68.00元

目录

主编笔记

国际政治

国际关系·中韩建交三十周年专栏

经济与合作

区域与国别

青年学人

主编笔记

构建中国特色的区域国别学理论

张蕴岭*

在这一个相互依赖的世界，每一个国家都需要很好地了解外部世界，而区域国别是世界构成的基础，国家认识外部世界离不开对区域国别的深度了解。因此，加强区域国别研究的重要性是不言自明的。各国情况不同，对区域国别研究的需求和定位也不同，每一个国家都有各具特色的区域国别观认知和基于利益定位的区域国别战略与政策。

区域国别研究具有很强的现实性与实用性，各国都会基于自身发展和对外交往的需要制定区域国别战略，并且以战略为指导制定和实施相关政策，构建和发展各具特点的区域国别关系。当今时代，在区域层面，各国主要是参与和推动区域关系、区域秩序和区域机制的构建，开拓区域市场，构建区域安全机制，开展区域治理等；在国别层面，各国主要是推动双边关系发展，双边关系涉及从外交、政治、经济到文化、民族、宗教等领域的问题，既有综合性的问题，也有各种不同的专业性问题。一般而言，大国的区域国别战略往往具有大战略设计的特征，有鲜明的地缘政治经济利益定位，并为此进行很大的投

---

* 张蕴岭，中国社会科学院学部委员，山东大学国际问题研究院院长。

入，最终可产生很大的影响。

无论是制定战略规划，还是推进政策实施，对区域国别的深入了解都是非常必要的；如果了解不深入，就容易产生偏差，甚至是错误。由于区域国别问题的综合性、多样性、复杂性和变化性，对区域国别问题的研究需要把综合考察、分析和判断与专门（专题）研究结合起来，把历史的研究和现实的以及未来的研究结合起来，因此，开展区域国别研究需要各个方面的人才，既需要综合型的人才，也需要专业型的人才；既需要社会科学、人文科学的人才，也需要自然科学的人才。从这个意义上说，开展区域国别研究需要会集各方面人才，形成多学科、多知识、多层次的人才队伍。

尽管区域国别研究主要是一国对外部世界的观察，但也具有互动的特征，因为对他者的了解，也会促进他者对自己的了解，即具备有助于自身了解外部世界和促进外部世界了解自己的双重功能。研究不仅凭阅读获取知识，更要进行实地考察，开展人与人之间的交流。这样一来，研究既能增进相互了解，又能产生感知互动。而且，即便在信息、网络媒体高度发达的情况下，也需要实地调查，掌握第一手资料，在实际调研基础上进行分析，形成深度和准确的认知与判断。区域国别研究具有实用性、理论性和传播性功能，其研究成果用于政策咨询、政策指导，也用于学术、教育和大众知识传播。

中国的区域国别研究古来有之，曾形成独具特色的“天下观”，凝练出“四海皆兄弟”的“天下情怀”。中华人民共和国成立以来，学界对国外的研究随着国家发展和对外关系的需要不断调整，并逐步得到加强。特别是改革开放以后，基于对外部世界扩大与加深了解的需要，中国加强了区域国别研究，无论是研究机构的设立，还是研究领域的拓展，都得到了前所未有的发展，并集聚了大批的研究人才。为了加强教育系统的区域国别研究和教学，教育部设立了大学区域国别重点研究基地，建立了区域国别研究中心注册平台，成立了高校国别和区域工作秘书处，推动在现有一级学科基础上设立区域国别二级学科等。在此背景下，越来越多的大学设立区域国别研究科研机构，开设区域国别课程，授予区域国别方向的学位。从根本上说，中国区域国别研究和教学的快速发展，是基于中国发展的需要和在世界发挥更大作用的需要。

当前，中国的区域国别研究进入了一个新的发展阶段，一个重要的体现是在区域国别研究取得很大发展的基础上，构建区域国别学一级学科被提上议程。2021 年 12 月，国务院学位委员会颁布了《博士、硕士学位授予和人才培养学科专业目录（征求意见稿）》，拟在交叉学科门类下新增“区域国别学”一级学科。2022 年 9 月，区域国别学被正式列为交叉学科门类下的一级学科。应该说，由推动区域国别研究到推动区域国别学一级学科建设是一个大的提升，基于学科支撑的区域国别研究和教学不仅有利于研究水平的提升，更有利于新型人才的培养。

在大学，人才培养离不开学科的支撑，有了学科的支撑，有关区域国别人才的培养才可以得到更好的发展。而原有一级学科下的区域国别二级学科还是无法解开单学科课程设置、知识结构和方法论的制约。区域国别学是交叉学科，是多学科的融合与创新。以区域研究为例，依据现行学科的专门研究难以深刻认识复杂的国际区域；在多数情况下，国际区域问题都是政治、安全、经济、社会、文化、历史的交叉，是区域各个国家不同利益、不同战略、不同政策的交叉。从人才培养来说，既需要有关区域国别专门领域的人才，也需要具有交叉科学知识的复合型人才。无论是外交、对外经贸还是其他领域，都需要具有综合知识储备和复杂应对能力的人才。

中国是一个区域大国，有着诸多的近邻国家为伴，相互间有着密切的利益链接，需要构建和发展开放、信任与合作的区域关系；中国同时又是一个世界大国，与世界各国、各地区都有着密切的关系和利益链接，需要在世界发展中、国际秩序和体系构建中发挥新型大国的作用，努力做“世界和平的建设者、全球发展的贡献者、国际秩序的维护者”。因此，中国的区域国别学科建设需要有开放的视野，既从自身发展与战略的需要出发，又从构建公平合理国际秩序的需要出发，既吸收现有的理论成果和实践经验，又凸显中国特色。

作为交叉学科，区域国别学构建不是把现有的多个一级学科相加，而是对它们进行融合与创新，形成新的学科体系，在结构、理论、人才培养上体现交叉学科体系的创新性。区域国别学的理论体系是学科体系构建的核心，需要在借鉴吸收现有理论成果的基础上，以交叉学科为导向，逐步形成比较系统全面的综合理论体系。

国际交往，在大多数情况下主要是以区域国别为对象，区域国别问题的特点是复杂性、交叉性和专门性并存。因此，现行的单学科人才培养方式难以应对，只有在作为交叉学科的区域国别学学科下才可以做到。随着中国参与国际事务增多和承担国际责任增强，需要大量具有区域国别学教育背景、懂得当地语言、具备综合和专门知识能力的人才。因此，设立区域国别学一级学科，构建具有中国特色的区域国别学体系，在具备条件的大学建立区域国别学教育院系，开启人才培养的新方式是当务之急。例如，在国家推动构建的交叉学科门类中，首批设立的一级学科是“集成电路科学与工程”“国家安全学”，这都是为适应新的发展和需要而设立的。

经过长期的积累，在知识、理论、人才和经验方面，中国都具备了构建具有中国特色的区域国别学一级学科的基础和条件。多年来，中国在区域国别研究和学科构建方面已经做出了很多探索。比如在研究方面，区域国别研究重点基地建设和大学区域国别研究机构平台网络都得到了很好的发展，在现行一级学科下设立区域国别二级学科方面也做出了有益的探索，这些都为在交叉学科门类下建设区域国别学一级学科积累了经验，并奠定了基础。目前，中国从事区域国别研究的机构众多，从事与区域国别教学有关的大学众多，从事与区域国别教学研究有关的教师队伍庞大，应该说，建设区域国别学一级学科有着很好的基础和条件。区域国别学建设是一个系统工程，需要顶层设计，需要动员各方面的力量参与，需要鼓励实践探索，同时也需要调整改革现行的研究与教学管理体制，改革学术成果发表的方式，优化学术成果评介的方法，为区域国别学学科的发展营造一个有利的综合环境。

基于长期从事区域国别研究和人才培养的知识积累，本人正通过山东大学国际问题研究院这个平台，牵头组织有关国际区域学理论的构建，现已经出版了《国际区域学概论》（山东大学出版社），还有《国际区域治理概论》《国际区域组织概览》《国家区域观研究》等专著也将陆续出版。同时，国内其他大学和科研机构也都把区域国别学理论构建放在重要的地位，相信通过几年的努力，具有中国特色的区域国别学理论体系构建就可以迈出一大步。

中国人看世界，对世界的认知和定位以及在世界的话语权等，既有与他者相通的认知，也有区别于他者的立场，这些不同既是差别，也是对世界思想文化的贡献。在传统与现代、东方与西方、当今与未来、世界新秩序构建等重大问题上，具有中国特色的区域国别研究更要体现出中国的思想智慧。

跨越喜马拉雅山的地缘政治博弈

林民旺*

摘　要　2020年开始的中印边境对峙，重新将喜马拉雅山的地缘政治博弈拉回到人们的视野中。中印作为喜马拉雅山脉两侧的大国，一直是影响和塑造跨越喜马拉雅山的合作与地缘政治博弈的主角。随着喜马拉雅山两侧大国的兴衰变迁，近代以来的四百年经历了四个阶段的大博弈。而在过去的一百年里，喜马拉雅山的地缘政治大博弈同样经历了深刻的历史变迁。在回顾这些历史变迁的同时，应注意的是，地缘政治大博弈将随着中美战略博弈的开启而重新回到喜马拉雅山地区。

关键词　喜马拉雅山；地缘政治博弈；中印关系

2020年6月，中印边防部队在两国边境西段爆发加勒万冲突，导致双方士兵伤亡，由此引发的中印边境对峙事件迄今尚未彻底结束。这场对峙事件是冷战结束以来时间最长的边境对峙事件，不仅导致了人员伤亡，而且严重破坏了边境管控机制，而印军在边境地区首先开

* 林民旺，复旦大学国际问题研究院研究员。

枪也打破了中印边境地区的和平与安宁。

加勒万冲突事件，意味着喜马拉雅山的地缘政治博弈进入新的阶段。大自然的天造地设，使世界上最高的喜马拉雅山横亘在世界两个人口最多的国家——中国和印度之间，而中印分别居于喜马拉雅山脉的北麓和南麓。作为喜马拉雅山脉两侧最大的两个国家，中印关系的发展状况决定了喜马拉雅山的地缘政治格局。喜马拉雅山地区既可能是两个大国角力的战场，也可能是沟通、交流与合作的桥梁。

自 1991 年冷战结束以来，中印关系发展主流是“跨越喜马拉雅的牵手”。两国领导人的互访中，都以“跨越喜马拉雅的牵手”作为访问主题，凸显两国的友谊与合作。2014 年 9 月，习近平主席访问印度时，在印度世界事务委员会发表的演讲中呼吁，“中国是南亚最大的邻国，印度是南亚最大的国家。中国期待同印度一道为本地区发展贡献更大力量，让喜马拉雅山脉两侧的 30 亿人民共享和平、友谊、稳定、繁荣”。[①] 然而，在当前世界百年未有之大变局加速演进的过程中，喜马拉雅山两侧共同携手合作的时代或将于不久之后终结，以地缘政治博弈为主导的互动模式将回归到喜马拉雅山的地缘政治中。

一、喜马拉雅山地缘政治的四百年变迁

实际上，地缘政治博弈从未缺席喜马拉雅山地区。自 17 世纪初以来，喜马拉雅山地区经历了四个阶段的地缘政治变迁历程。

第一阶段是自 17 世纪初到 19 世纪中后期，此时存在一个跨越喜

① 《习近平在印度世界事务委员会的演讲》，新华网，2014 年 9 月 19 日，http://www.xinhuanet.com//politics/2014-09/19/c_1112539621.htm，访问日期：2022 年 7 月 10 日。

马拉雅山的宗藩体系，清政府及中国西藏地方政府主导着这个体系。在这一时期，整个喜马拉雅山地区存在着一个以中国西藏地区为核心的包括布鲁克巴（不丹）、哲孟雄（锡金）、廓尔喀（尼泊尔）、拉达克等国家和地区在内的宗藩关系网络，它是一个在清代的宗藩体系之下具有地域、民族特色的次级体系。[①] 清政府并非直接管理喜马拉雅山区的各个藩属国，而是由西藏地方政府（包括驻藏大臣、噶厦政府）负责管理，在形式上是清朝"藩部之藩属"。[②]

17 世纪中期，西藏地方在恢复内部稳定后，逐渐恢复了喜马拉雅山南麓国家对西藏地方政府的朝贡与藩属关系。在此过程中，清政府及西藏地方政府对这些地区的统治控制程度有强有弱，整体上看，在政治上有相当强的控制力，并且存在一整套体现彼此权力地位的朝贡与政治仪式。清政府对喜马拉雅山南麓统治程度最强的时期是乾隆中后期。1792 年，清政府制定了《钦定藏内善后章程》，实际上把整个喜马拉雅山的南麓和北麓的统治进行了正规化和程序化。与此同时，18 世纪英国逐渐殖民印度后，也曾尝试侵占喜马拉雅山南麓国家，但是在强大的清朝面前并没有取得实质性的成功。直至 19 世纪中后期，随着清朝的衰落，跨越整个喜马拉雅山脉的宗藩体系才逐渐解体。

第二阶段是自 19 世纪中后期至 1951 年，这是英属印度主导整个喜马拉雅山的时期。在清朝衰落的过程中，英属印度以通商为借口，以战争或者金钱收买的方式，逐步将不丹、锡金、尼泊尔、拉达克侵占为其"保护国"，甚至将部分领土直接纳入英属印度的版图中。英属印度在侵占喜马拉雅山南麓后，继续谋划向喜马拉雅山北麓扩张，

---

① 扎洛：《清代西藏与布鲁克巴》，中国社会科学出版社，2012，第 278 页。

② 同上书，第 279 页。

为此发动了两次侵略西藏的战争，意图将中国西藏地方分裂并独立出来，变成英属印度与中国之间的战略“缓冲区”。为此，英属印度不断扩大在西藏的影响力，同时在西藏上层中大量培植亲印的分裂势力。

面对英属印度在喜马拉雅山南麓的扩张，清政府自顾不暇，逐渐接受了喜马拉雅山藩属体系被迫渐趋瓦解的现实。但是，对英属印度在中国西藏的扩张，清政府及后来的民国政府却在艰难之中努力采取一系列措施来巩固中国的政治，大体抵挡住了西藏分裂势力与英属印度等外部势力的勾结，保住了中国对西藏的主权。

第三阶段是自 1951 年西藏解放至 2014 年，此时大致形成了中国和印度分居喜马拉雅山两侧、中印势均力敌的地缘政治博弈态势。1947 年大英帝国退出南亚次大陆，印度获得独立。印度不仅继承了大英帝国的殖民遗产，而且继承了大英帝国的霸权主义心态，相继与喜马拉雅山南麓的小国（尼泊尔、锡金、不丹）签订新的“保护国条约”，继续维持对这些小国的政治控制。另外，印度仍然试图在中印之间搞战略“缓冲区”，寻求推动西藏分裂势力的独立诉求。1951 年中国人民解放军进军西藏，西藏实现和平解放，外部势力推动西藏地方分裂的进程也自此终结。

在喜马拉雅山南麓，印度通过各种各样的措施来加强在其“后院”的实际控制。其不仅越过大英帝国当年的地理控制范围，还趁机侵占了中国的大片领土，并且最终于 1975 年正式将锡金吞并为印度的一个邦。在喜马拉雅山北麓，中国在西藏和平解放后采取一系列措施稳定了政局。随着 1959 年以达赖喇嘛为首的分裂势力逃出西藏，西藏开始一系列民主改革，并最终于 1965 年 9 月 1 日成立西藏自治区。

1962 年的中印边境冲突使喜马拉雅山两侧的经贸、人员、宗教等来往都被切断。冷战在喜马拉雅山上得以呈现，中印的敌对导致喜马拉雅山南麓和北麓的联系被切断了，开始了彼此相互隔绝的进程。

第四阶段是自 2014 年以来，中国的影响力开始越过喜马拉雅山北麓，逐渐对南麓产生了越来越大的影响。20 世纪 80 年代初，中印关系开始逐步走向正常化，喜马拉雅山两侧的经贸、宗教交流也随之得以重启。1991 年苏联解体，冷战结束，喜马拉雅山上的冷战对立状态也随之结束。中印两国围绕喜马拉雅山展示了以合作为主的竞合关系博弈。

然而，经过冷战后二十多年的发展，中印的实力对比发生了根本性的变化。2013 年中国提出“一带一路”倡议，寻求同印度进行跨越喜马拉雅山的合作，但是印度却担心中国经济影响力在喜马拉雅山南麓扩大，拒绝同中国的合作，选择同美国等国家共同遏制中国在喜马拉雅山南麓的影响力拓展。就整体而言，印度在安全、防务、经济上仍主导和控制着整个喜马拉雅山南麓，但是中国的影响力实际上已经逐步深入到南麓。

纵观近代以来的四百年，喜马拉雅山经历了至少四个阶段的地缘政治大博弈。其间，参与地缘政治大博弈的大国实力对比发生巨大变化，有些小国已经衰落甚至不复存在，而环绕着喜马拉雅山的政治、经济、宗教格局也发生翻天覆地的变化。不过，影响喜马拉雅山地缘政治的根本因素一直没有变化，那就是大国实力竞争对政治影响力和政治空间的影响。

二、喜马拉雅山地缘政治的百年变迁

当今世界处于百年未有之大变局，喜马拉雅山地区也不例外。过去的一百年，是喜马拉雅山地缘政治发生巨变的一个世纪。

从国际政治角度看，喜马拉雅山地区的地缘政治博弈深受美苏争霸的大格局影响，域外力量不时涉入喜马拉雅山的地缘政治博弈之中。1962 年之前，中印默契合作，共同抵制美苏对喜马拉雅山区小国的影响。印度将喜马拉雅山南麓当作其“势力范围”，而中国也不希望西南周边出现敌对大国。因此，形成了中印合作抵制域外大国渗入南亚小国的地缘政治态势。

1962 年后中印形成事实上的敌对关系，印度借助美国反华，和美国在喜马拉雅山南麓进行密切合作，共同组建并培训印藏边境警察部队，设立军事基地来监控中国核设施的发展，共同支持在印度的反华分裂势力。1971 年中美关系改善后，美国放弃了在喜马拉雅山南麓支持反华势力的做法。相反，印度在获得苏联的大力支持后，继续支持和培养反华的武装力量，还在喜马拉雅山南麓进行势力扩张，并于 1971 年肢解了巴基斯坦，1975 年吞并了锡金。由此也逐渐形成了中国、美国、巴基斯坦为一方，印度、苏联为另一方的地区战略格局，这一格局一直延续到 1991 年苏联解体才结束。

1991 年苏联解体后，美国没有意愿继续在南亚进行战略投入。由于中印最主要的压力来自单极霸主美国，因此这一时期中印关系得以改善。自 20 世纪 90 年代初开始，中印同时削减在喜马拉雅山边境上的军事力量设施，努力构建双方在边境上的相互信任措施，并且积极推进划界谈判。然而，随着中国的快速崛起，美国“以印制华”的战略逐渐成形，美国重新打起了“西藏牌”，并涉入中印在喜马拉雅山边境上的对峙之中。

从经济上看，过去一个世纪，喜马拉雅山的经济重心由南麓逐渐转移到了北麓。过去，大英帝国在控制喜马拉雅山南麓的过程中，逐步将联系喜马拉雅山南北麓的主要贸易通道从北边的尼泊尔迁移到了喜马拉雅山南麓的大吉岭等地。借助加尔各答港口的对外贸易联系，喜马拉雅山地区同外部世界更紧密地联系起来。同样，由于整个喜马拉雅山地区的经济重心在南麓，乃堆拉山口成为当时西藏地方对外贸易的主要通道。

英属印度对喜马拉雅山地区的经济具有主导性的影响力，这体现在方方面面。西藏地方在经济上对英属印度形成高度依赖，日常生活生产物质的需求在供给上更是形成对南麓的高度依赖。当时西藏地方流行的是印度卢比，而控制喜马拉雅山地区商贸的商人则多半是印度人和尼泊尔人。联系喜马拉雅山南北麓的道路主要通往印度，而不是通往中国内地。当时的道路情况是“条条大路通德里”“条条大路通加尔各答”，甚至在中国人民解放军进藏初期，运往西藏的粮食也依赖经由印度向北通往西藏的道路。

随着西藏和平解放，中国内地跟西藏的道路逐步开通后，西藏对印度的经济依赖程度逐渐降低。1962 年中印边境冲突之后，喜马拉雅山南北麓的经济联系就此被切断了。20 世纪 80 年代重新开启跨越喜马拉雅山的贸易通道时，南北麓之间的经济互补性就很弱了。2006 年，乃堆拉山口重新开放，但是，喜马拉雅山地区繁荣的经贸场景再也没有重现。在道路等基础设施的互联互通上，中国已经规划要将公路、铁路修到靠近尼泊尔的吉隆、靠近印度的亚东等地。同时，中国和尼泊尔宣布要构建跨喜马拉雅山的立体互联互通网络，但是这些互联互通的计划都遭到印度方面的强烈抵制。

从宗教上来说，过去一个世纪，喜马拉雅山地区的藏传佛教各教派的传播更加多元化。西藏吐蕃王朝的扩张，促成了藏人及藏族文化向喜马拉雅山南麓传播。之后，西藏内部的宗教之争，特别是藏传佛教格鲁派兴起和壮大后，更是导致藏传佛教其他各教派向喜马拉雅山南麓迁移。在过去百年历程中，随着英属印度推动西藏分裂，印度收留西藏的分裂势力集团，导致藏传佛教格鲁派在喜马拉雅山南麓的影响越来越大，进而造成藏传佛教各个教派在喜马拉雅山南麓皆有分布，由此也扩大了藏传佛教不同宗教教派原本就存在的分歧和矛盾。与此同时，喜马拉雅山南麓的印度教势力在削弱，印度教徒逐渐减少。印度由此而担心，未来喜马拉雅山地区可能变成一个完全由藏传佛教主导的区域。宗教与文化软实力的竞争，同样构成了喜马拉雅山地缘政治博弈的一部分。在2006年中国首次主办世界佛教论坛之后，印度为了争夺宗教上的影响力同样举办了一个国际佛教大会，以此进行对冲和抗衡。

不论是喜马拉雅山地区经济重心的迁移，还是藏传佛教教派的传播迁徙，都离不开地缘政治博弈的大背景。它们一方面构成了地缘政治大博弈的条件，另一方面也是地缘政治博弈的产物。

三、新时期喜马拉雅山地缘政治博弈的端倪

自2019年底新冠肺炎疫情暴发以来，中印关系开始持续下滑。

2020年6月，中印在喜马拉雅山的中印边境西段爆发了加勒万河谷事件，直接推动中印关系进入地缘政治博弈的“新常态”，具体表现在以下几个方面。

一是中印在喜马拉雅山地区的边境较量将演化为长期相持的趋势。自2013年中印在喜马拉雅山区的边境爆发帐篷对峙以来，边境不稳定的态势已经逐步浮现，边境对峙开始变得越来越多，规模越来越大，持续时间也越来越长。2017年的洞朗对峙被认为是中印冷战后边境对峙的最高点。然而，2020年中印西段边境局势再度紧张，此后边境局势多次出现反复，迄今没有从根本上缓解对峙造成的紧张态势。一定意义上说，中印围绕喜马拉雅山的边境对峙和争端并没有降温，不稳定的态势甚至已经扩展到了边境全线。

另外，中印在喜马拉雅山区边境地带的战场建设并没有放松。双方都在沿着实控线建造更加坚实的哨所和军营，以供大规模部队在冬季驻扎停留，同时加强的还有边境地区的道路基础设施建设、直升机停机坪和各种军事设施的部署基地。为了应对可能出现的军事意外，双方都是基于最“糟糕”的情况进行谋划布局，一定程度上陷入了边境军备竞赛的“安全困境”之中。

值得注意的是，印度并没有急于要给中印边境对峙“降温”。其目的是在中印边境争议问题上展示“强硬”的态度，以服务于印度外交大战略的调整和转向。印度借着中印边境局势的恶化，一方面向美国显示中印关系的“敌对”态势，另一方面则向美国显示其在共同围堵和“消耗”中国方面具有重要的战略价值。而一个有能力、有意愿参与遏制中国的印度，正是美国求之不得的。

二是中印在跨喜马拉雅山地区的竞争将“常态化”。随着中国推进“一带一路”建设，中国在喜马拉雅山南麓的影响力迅速提升，客观上给印度造成了战略空间被挤压的感觉。为了缓解印度的焦虑，中国表示欢迎印度加入“一带一路”倡议，还不断邀请印度加入相应的三方合作机制。同时，中国还提出建设中国—印度—尼泊尔经济走廊，以及构建“中印+”的新型合作模式等。

此外，中国也逐步开启了一些没有印度参与的南亚合作机制，并且正在逐步将这些合作机制正式化。2020 年 7 月，中国主持召开了中国、阿富汗、巴基斯坦和尼泊尔四国外长应对新冠肺炎疫情视频会议，又于当年 11 月召开中国、巴基斯坦、尼泊尔、斯里兰卡和孟加拉国五国副外长应对新冠肺炎疫情视频会议。2021 年 4 月 27 日，中国、阿富汗、巴基斯坦、尼泊尔、斯里兰卡和孟加拉国六国外长举行合作应对新冠肺炎疫情视频会议，就抗击疫情、疫后经济复苏等国际和地区合作交换意见。同时，会议还提出成立中国南亚国家减贫与发展合作中心和中国南亚国家应急物资储备库。2021 年 7 月 8 日和 9 日，这两个机构先后在重庆、成都得以正式启用。中国与南亚国家的这些合作在印度引起轩然大波，因为印度、不丹和马尔代夫都因为各种原因而没有加入其中。

与此同时，2021 年 10 月 14 日，中国同不丹通过视频会议方式在北京和廷布签署《关于加快中不边界谈判“三步走”路线图的谅解备忘录》，不方称将与中方一道落实好备忘录，坚定不移地推进两国划界谈判工作，致力于加强两国的合作关系。这很大程度上也表明，不丹对印度阻止其同中国的边界谈判和发展关系上，正越来越彰显出“独立自主”的姿态。

三是印度同中国在跨喜马拉雅地区的博弈中，将由“防美抵中”

转变为“拉美防中”。印度过去将喜马拉雅山南麓和整个南亚地区当作其绝对的“势力范围”，防范任何其他大国染指。但是近年来情况出现了变化。譬如，过去印度视不丹为其拥有绝对掌控力的“后院”，不允许不丹跟任何安理会常任理事国建立外交联系。但是近年来，印度却积极促成美国和不丹建立联系。2020年印度还同美国一起游说孟加拉国加入“印太战略”。可以发现，印度在南亚及跨喜马拉雅山地区的外交中，已经实现了从“防美抵中”向“拉美防中”的转变，由此导致南亚地区格局越来越呈现出“美印 vs 中巴”的“两极格局”。与此同时，印度与美国在南亚政策上的协调一致性逐渐增强，加大了南亚区域内小国发展对华关系的压力，使南亚小国面临来自“域内霸主”印度与“域外霸主”美国的双重压力。

中印围绕喜马拉雅山地区的地缘政治博弈将是长期性的。一方面，伴随着中国的不断崛起，中国的影响力将在喜马拉雅山南麓不断扩大，这必然导致中印的地缘战略博弈进入长期化；另一方面，印度在2014年莫迪执政以后，其对外政策模式不断重塑。冷战结束后，印度采取“平衡外交”周旋于大国之间，在大国的关系天平上“游走”。自2014年莫迪上台至今，印度更倾向于成为一个领导型大国。在经济上，印度要跟中国“脱钩”；在战略上，则奉行“亲美脱中”政策，配合推进美国主导的“四边机制”（QUAD）和“印太战略”。

莫迪政府的这一大战略也将是长期化的。自20世纪90年代初以来，印度外交在经济开放政策的引导下，发生了显著的变化。特别是将对外政策转向服务于以经济建设为中心，同时搁置了印度“不结盟”外交的历史情结，转而拥抱西方。印度的内政发展也给这一趋势提供了有力支撑。一方面是印度国内左翼力量的衰落，右翼力量的崛起；另一方面是印度在经济上的改革开放使其更偏向于亲近西方，而大量留学海外的印度人回国，也有力地推进了这一进程。

总之，不论如何，地缘政治的大博弈重新回到了喜马拉雅山地区。只是，这次的地缘政治大博弈将如何展开，仍然有待继续观察。

“印太经济框架”：过程、内容与应对*

李巍　赵菩**

摘　要　自2010年以来，美国对华经济防范色彩越发浓厚，美国连续三任政府都相继出台了旨在牵制中国经济崛起的国际经济战略。拜登就任后，在奥巴马政府和特朗普政府“战略遗产”的基础上推出了“印太经济框架”（IPEF）这一新型区域经济战略，其主要内容被概括为互联经济、弹性经济、清洁经济和公平经济“四大支柱”，重点聚焦于数字贸易、供应链、新能源、基础设施建设和跨境资本流动规则等领域。“印太经济框架”是美国加快部署对华战略竞争的主要国际制度工具。面对美国的战略攻势，中国不仅需要充分利用自身条件提升实力，打好战略防御的国力基础，还要以更加积极的方式和态度融入世界经济体系，进一步巩固与世界各国的经济联系。此外，中国要更加重视东盟和欧盟的作用，一方面全力打造自己的战略经济腹地，另一方面在国

* 本文是中国人民大学2023—2025年度明德研究品牌计划“中国经济外交的理论与实践”（项目编号：14XNJ006）项目的研究成果。

** 李巍，中国人民大学国际关系学院教授、美国研究中心主任；赵菩，中国人民大学国际关系学院博士研究生。

际上争取最广泛的合作伙伴。

关键词 “印太经济框架”；经济外交；“印太战略”；中美战略博弈

在美国前总统唐纳德·特朗普（Donald Trump）宣布退出《跨太平洋伙伴关系协定》（TPP）后，2022 年 5 月 23 日，美国与日本、印度、澳大利亚、文莱、印度尼西亚、韩国、马来西亚、新西兰、菲律宾、新加坡、泰国、越南共 13 个国家正式宣布启动“印太经济框架”（Indo-Pacific Economic Framework for Prosperity，IPEF）这一新的亚太经济战略构想。① 5 月 26 日，白宫宣布斐济加入，目前该框架成员共 14 个国家。美国现任总统乔·拜登（Joe Biden）表示，这一经济安排是美国应对 21 世纪的经济挑战，致力于赢得 21 世纪竞争的重要方式。②而中国早已被美国确立为 21 世纪的“咫尺大患”（pacing challenge），被美国定义为唯一兼具实力与意图改变当前美国治下国际秩序的国家。③

正如美国国务卿安东尼·布林肯（Antony Blinken）所指出的，美国的首要目标就是“竞赢中国”（outcompete China）。④ 而经济就是美

① The White House, *Statement on Indo-Pacific Economic Framework for Prosperity*, May 23, 2022, https://www.whitehouse.gov/briefing-room/statements-releases/2022/05/23/statement-on-indo-pacific-economic-framework-for-prosperity/.

② The White House, "Remarks by President Biden at Indo-Pacific Economic Framework for Prosperity Launch Event," May 23, 2022, https://www.whitehouse.gov/briefing-room/speeches-remarks/2022/05/23/remarks-by-president-biden-at-indo-pacific-economic-framework-for-prosperity-launch-event/.

③ U.S. Department of State, "The Administration's Approach to the People's Republic of China," May 26, 2022, https://www.state.gov/the-administrations-approach-to-the-peoples-republic-of-china/.

④ U.S. Department of State, "Opening Remarks by Secretary of State Antony J. Blinken Before the House Committee on Foreign Affairs," June 7, 2021, https://www.state.gov/opening-remarks-by-secretary-of-state-antony-j-blinken-before-the-house-committee-on-foreign-affairs-2/.

国在“印太”地区成功实施战略的关键部分。① 但自 2017 年特朗普退出《跨太平洋伙伴关系协定》后，美国的“印太战略”一直缺乏经济支柱。拜登政府推出这一框架，就是为了弥补“印太战略”经济缺陷、削弱中国的区域经济影响力、加速打造对华竞争优势，将这一框架打造为“印太战略”中“竞赢中国”的一柄新长矛。理解“印太经济框架”的发展过程及其动因、主要内容和重点领域，对中国应对美国战略攻势、实现国家经济发展和护卫国家经济安全有重要意义。

一、美国对华经济竞争：从奥巴马到拜登

2010 年以来，美国越发重视来自中国的经济竞争压力，对华经济防范色彩越来越浓，并将其战略重点从中东转向东亚。② 此后，奥巴马、特朗普和拜登三任美国政府分别推出各自的对华经济战略。

奥巴马时期，美国的对外政策从安全进一步转向以经济复苏为核心，国际经济战略与国内经济举措共同构成美国应对金融危机的战略双轴。③《跨太平洋伙伴关系协定》作为美国对华经济战略的 1.0 版本，是奥巴马时期提出并努力推进的对华经济战略，其特点是抛开中

---

① The White House, “On-the-Record Press Call on the Launch of the Indo-Pacific Economic Framework,” May 23, 2022, https://www.whitehouse.gov/briefing-room/press-briefings/2022/05/23/on-the-record-press-call-on-the-launch-of-the-indo-pacific-economic-framework/.

② David J. Berteau, Michael J. Green and Zack Cooper, *Accessing the Asia-Pacific Rebalance*, Center for Strategic and International Studies (CSIS), December 2014, https://csis-website-prod.s3.amazonaws.com/s3fs-public/legacy_files/files/publication/150105_Berteau_AssessingAsiaPacificRebal_Web.pdf; The White House, “FACT SHEET: Advancing the Rebalance to Asia and the Pacific,” November 16, 2015, https://obamawhitehouse.archives.gov/the-press-office/2015/11/16/fact-sheet-advancing-rebalance-asia-and-pacific.

③ 李巍：《霸权护持：奥巴马政府的国际经济战略》，《外交评论》2013 年第 3 期，第 51—66 页。

国并联合另外11个国家建立一个高水平的区域自由贸易协定，以制度来“规锁”中国。[①] 2016年2月4日，《跨太平洋伙伴关系协定》的12个谈判成员正式签署协定。这是美国“重返亚太”战略的一项制度安排，既有出于区域经济整合的考虑，也包含明显的地缘政治目的。其中，“21世纪贸易协定”是《跨太平洋伙伴关系协定》的一大卖点，《跨太平洋伙伴关系协定》不仅希望能够达成优于世贸组织的区域经济制度安排，也对劳工权利和电子商务规则设定了高标准。同时，《跨太平洋伙伴关系协定》设置的高标准对经济结构相对单一和落后的国家提出了更高的要求，也就意味着美国有责任和义务援助这些小型经济体实现经济结构的转型或升级。尽管这对经济体量较小的国家而言是一种利好，但同时增强了小国对美经济依附的动机，强化了美国的区域影响力。[②]

可以看出，在奥巴马政府时期，虽然美国的经济战略已经转入与中国进行经济竞争的战略轨道，但其侧重点在于新建排除中国的区域制度安排以重获亚太领导权。特朗普就任后，彻底摒弃对华“接触”思想，将中国界定为“战略竞争者”和“修正主义国家”，以更加强硬的姿态实施对华全面围堵与多方遏制的战略行动。[③] 同时，特朗普并没有延续奥巴马时期对盟友和伙伴国家的重视，而是为了迎合国内

---

① “规锁”的含义详见张宇燕、冯维江：《从“接触”到“规锁”：美国对华战略意图及中美博弈的四种前景》，《清华金融评论》2018年第7期，第24—25页。

② 李巍、张玉环：《美国自贸区战略的逻辑——一种现实制度主义的解释》，《世界经济与政治》2015年第8期，第127—154页。

③ The White House, *National Security Strategy of the United States of America*, December 2017, p. 1, https://trumpwhitehouse.archives.gov/wp-content/uploads/2017/12/NSS-Final-12-18-2017-0905.pdf；李巍：《从接触到竞争：美国对华经济战略的转型》，《外交评论》2019年第5期，第54—80页；曾向红、张少文：《从“亚太”到“印太”：批判地缘政治学视角下美国亚太战略的调整》，《当代亚太》2021年第3期，第4—38页。

诉求实施了以美国利益为优先考虑方向的单边主义政策。为了获得美国国内“铁锈地带”选民的支持，特朗普在就任第三天就签署行政令抛弃了《跨太平洋伙伴关系协定》这样一个与“铁锈地带”经济利益不相符的高水平自由贸易协定，转而发动了对华双边“贸易战”。[①] 在这一时期，美国更多从自身的实力地位出发，试图逼服中国，推出以“关税战”和“科技战”为支柱的对华经济战略 2.0 版。这在很大程度上宣告了美国持续 40 多年之久的对华经济接触战略的终结，竞争与遏制色彩大幅提升。

“贸易战”作为特朗普时期美国对华经济战略的 2.0 版本，主要侧重于“关税战”和“技术战”两个方面。[②] 2018 年 7 月 6 日中美开始贸易冲突，特朗普政府决定对中国 500 亿美元商品增加 25% 的关税。中国进行反制后，美国政府在 9 月发动第二轮“贸易攻击”，对中国 2000 亿美元商品增加 10% 的关税，并在 2019 年 5 月提高至 25%。[③] 2020 年 2 月 14 日，中美签署第一阶段协议，确定了美国对华进口的新关税。截至 2022 年 8 月，美国对华关税水平仍高达 19.3%，是贸易战开始前的 6 倍以上，涵盖了美国从中国进口总额的 66.4%，约 3350 亿美元。中美贸易战的本质是科技战，美国的核心目标是扼杀中国高科技企业，从而防止中国制造由大变强。[④] 为此，美国形成

---

① 李巍：《美国铁锈地带及其对国际经济秩序的影响》，《现代国际关系》2020 年第 12 期，第 6—8 页。

② 李巍、张玉环：《战略竞争时代的中美“贸易战”》，《中国国际战略评论》2018 年第 2 期，第 39—51 页。

③ Chad P. Bown, *The US-China Trade War and Phase One Agreement*, Working Paper of Peterson Institute for International Economics (PIIE), No. 21-2, February 2021, https://www.piie.com/sites/default/files/documents/wp21-2.pdf.

④ 李巍、李玙译：《解析美国对华为的“战争”：跨国供应链的政治经济学》，《当代亚太》2021 年第 1 期，第 4—45 页。

了一套严密复杂的贸易制裁体系，商务部、财政部和国防部都设立了多个出口管制“清单”，将中国诸多高科技企业纳入“实体清单”和“SDN 清单”（Specially Designated Nationals And Blocked Persons List）等管制名单之中，还利用高额罚款、抓捕企业高管和停止合作项目等方式摧毁中国关键企业。

目前来看，美国发动的关税战基本宣告失败。它不仅没有让中国屈服，还让美国面临 41 年来最为严峻的通胀难题。[①] 美联储官员多次强调当前的通胀水平“高到令人难以忍受”。总统拜登也表示，应对通胀是联邦政府的优先事项。[②] 取消关税可以降低美国居民购买中国产品的价格，进而达到缓解通胀的目的，因此，重新评估对华关税政策成为美国抑制国内物价的重要路径。根据彼得森国际经济研究所的估计，如果取消对华进口关税，最终或能将通胀率拉低 1 个百分点。[③] 美国财政部长珍妮特·耶伦（Janet Yellen）也认为应该取消部分战略意义不大却严重伤害美国消费者的对华关税，来缓解当下“令人难以接受的”通胀水平。[④] 虽然美国国内当前对是否取消对华关税存在分歧，但这已经显示出美国国内难以消化贸易战带来的经济恶果。

---

① 美国通胀情况详见美国劳工统计局（BLS）U. S. Bureau of Labor Statistics, “Consumer Price Index Summary,” August 10, 2022, https://www.bls.gov/news.release/cpi.nr0.htm。

② The White House, “Remarks by President Biden Before Meeting with Treasury Secretary Janet Yellen and Federal Reserve Chair Jerome Powell,” May 31, 2022, https://www.whitehouse.gov/briefing-room/speeches-remarks/2022/05/31/remarks-by-president-biden-before-meeting-with-treasury-secretary-janet-yellen-and-federal-reserve-chair-jerome-powell/.

③ Megan Hogan and Yilin Wang, “To Fight Inflation, Cutting Tariffs on China Is Only the Start,” Peterson Institute for International Economics (PIIE), June 3, 2022, https://www.piie.com/blogs/realtime-economic-issues-watch/fight-inflation-cutting-tariffs-china-only-start.

④ U. S. House of Representatives, “Proposed Fiscal Year 2023 Budget with Treasury Secretary Janet Yellen,” June 8, 2022, https://waysandmeans.house.gov/legislation/hearings/proposed-fiscal-year-2023-budget-treasury-secretary-janet-yellen.

在科技战方面，根据美国商务部贸易数据显示，尽管中美科技竞争加剧，但美国其实只控制或限制一小部分美国对中国的技术出口。如 2021 年，需要美国工业和安全局（BIS）许可例外授权的美国对华出口总额为仅为 3. 254 亿美元，相较于 2020 年的 4. 554 亿美元下降了 28. 5%，且继续呈现下降趋势。美国工业和安全局的数据显示，美国依然继续向中国出口一系列半导体、航空等设备产品。[①] 而中国自身也积极突破技术封锁和壁垒，努力研发并赶超一系列先进技术，在半导体领域，国产芯片在中国国内芯片需求领域的占比也越来越高。[②] 加之中国也已积累了在美国制裁下实现科技自主创新的丰富经验，如在航天领域，美国在 2011 年通过了禁止与中国航天合作的《沃尔夫条款》（*Wolf Amendment*），但 10 年后，中国空间站已于 2022 年全部建成。因此，根据当下的中国科技发展趋势和历史上中国应对制裁的经验能够推测，虽然“技术战”对中国构成了一定影响，但其对华打击效果会在未来中美双方博弈中不断改变。

奥巴马和特朗普时期的对华经济战略虽然都未取得“成功”，但是都留下了非常重要的“战略遗产”。《跨太平洋伙伴关系协定》失败后留下以日本为主导的《全面与进步跨太平洋伙伴关系协定》（CPTPP），《全面与进步跨太平洋伙伴关系协定》也确实增强了日本

---

① 与此同时，也要看到美国工业和安全局对需要许可证的对华出口批准率从 2020 年的 94%降低到 88%，2021 年美国对华出口总额为 1511 亿美元，需美国工业和安全局例外许可证的对华出口产品仅占这一总额的 0. 4%，详情参见 Bureau of Industry and Security, *U. S. Trade with China*, August 17, 2022, https: //www. bis. doc. gov/index. php/country-papers/2971-2021-statistical-analysis-of-u-s-trade-with-china/file。

② Dan Strumpf and Liza Lin, “China Chases Chip-Factory Dominance—and Global Clout,” *The Wall Street Journal*, July 24, 2022, https: //www. wsj. com/articles/china-bets-big-on-basic-chips-in-self-sufficiency-push-11658660402#comments_ sector.

在亚太地区的引领地位，加大了对中国的压力。而且日本还在不断游说美国加入《全面与进步跨太平洋伙伴关系协定》，给“复活”《跨太平洋伙伴关系协定》留下可能。虽然特朗普的关税战失败了，但其任内构建了“印太战略”这一对华竞争的完整框架。拜登就任后，继承并升级了“印太战略”，不仅把作为“印太战略”核心制度骨架的“四边机制”（QUAD）从部长级升格为首脑级，还强化了这一机制的制度化水平，并大力弥补大国战略缺少经济抓手的缺憾，推出“印太经济框架”，为“印太战略”补充经济内涵。[①]

在特朗普宣布美国退出《跨太平洋伙伴关系协定》五年后，拜登在东京宣布实施“印太经济框架”这一 3.0 版本的对华经济战略。这一战略本质就是利用美国的盟伴体系，形成新的将中国排除在外的、以美国为核心的区域经济圈，借用盟伴力量在长时段内竞赢中国。这一框架也是拜登在经济方面全盘继承并升级特朗普“印太战略”的具体行动。2018 年 7 月 30 日，时任国务卿迈克·蓬佩奥（Mike Pompeo）提出美国的“印太经济愿景”（Indo-Pacific Economic Vision），从数字经济、能源、基础设施和反腐败四个方面为当前“印太经济框架”的“四大支柱”提供了最初构想。[②] 但是限于特朗普政府的单边主义倾向和对国际制度的蔑视，其承诺难以收获亚太国家的信任，加之其对盟伴国家的霸凌或侮辱性质的外交态度，美国联合盟友和伙伴共同对抗中国的企图也难以推进。因此，“印太经济愿景”并没有落实，最终

---

① 赵菩、李巍：《霸权护持：美国“印太”战略的升级》，《东北亚论坛》2022 年第 4 期，第 24—46 页。

② U. S. Embassy & Consulate in the Republic of Korea, “Secretary Pompeo Remarks on ‘America’s Indo-Pacific Economic Vision’,” July 30, 2018, https://kr.usembassy.gov/073018-secretary-pompeo-remarks-on-americas-indo-pacific-economic-vision/.

沦为特朗普政府“印太战略”中经济层面的一个“愿望”。

拜登就任后，美国贸易代表凯瑟琳·戴（Katherine Tai）在2021年10月系统地阐述了拜登政府的对华贸易政策，虽然排除了中美经济“全面”脱钩的论调，但是也明确表达了美国对中国经济发展路径的不满，并表示将推出对华经济竞争的“新工具”。① 随着“印太经济框架”的推出，美国对华竞争的“新工具”也更加明确，拜登政府的对华经济战略也更加明晰。美国国家安全顾问杰克·沙利文（Jake Sullivan）不仅将“印太经济框架”称为一个“21世纪的经济架构”，也将其视为一个塑造区域未来的整体安排。②“印太经济框架”虽然是一项区域合作的制度架构，但其更重要的角色是美国“印太战略”的关键部分，而“印太战略”是美国与中国竞争最重要的战略工具。因此，“印太经济框架”也是一项具有强烈排华色彩的区域制度安排，其重要功用是为美国的“印太战略”补充经济内涵，成为对华战略竞争的经济支柱。

二、“印太经济框架”的“四大支柱”及其内容

拜登就任美国总统后，全面继承并大幅升级了特朗普在任内提出

---

① Office of the United States Trade Representative, “Remarks As Prepared for Delivery of Ambassador Katherine Tai Outlining the Biden-Harris Administration’s ‘New Approach to the U. S. -China Trade Relationship’, ”October, 4, 2021, https: //ustr. gov/about-us/policy-offices/press-office/speeches-and-remarks/2021/october/remarks-prepared-delivery-ambassador-katherine-tai-outlining-biden-harris-administrations-new.

② 沙利文演讲原文为“IPEF is a 21st century economic arrangement designed to tackle 21st century economic challenges”，详见 The White House, “On-the-Record Press Call on the Launch of the Indo-Pacific Economic Framework, ” May 23, 2022, https: //www. whitehouse. gov/briefing-room/press-briefings/2022/05/23/on-the-record-press-call-on-the-launch-of-the-indo-pacific-economic-framework/。

的“印太战略”。为了弥补“印太战略”缺乏经济基础的弱点，拜登政府迅速推进“印太经济框架”。2021 年，拜登在由文莱主持的在线东亚峰会上首次提出将着手新建“印太经济框架”。[①] 2022 年 2 月 11 日，拜登政府发布了《美国的印太战略》，将“印太经济框架”作为促进“印太”区域经济繁荣的重要基础，并将其界定为面向 21 世纪的多边伙伴关系。[②] 通过这一官方指导性文件能够看出，美国发起这一框架最主要的目的就是在历史的经济变革中重建供应链以创造高薪工作，迎合国内中产阶级家庭的经济需求。数字经济、清洁能源等都是重要的新兴经济赛道。为了保证美国在新赛道中获得最大收益，遵守美国领导下所谓的“公平经济”规则就显得十分重要，这也解释了“印太经济框架”最终会形成“四大支柱”的缘由。

“印太经济框架”最初围绕六个重点领域——贸易便利化、数字经济和技术标准、供应链弹性、脱碳和清洁能源、基础设施和工人标准。[③] 美国通过一系列经济外交活动和内部讨论，最终在 2022 年 5 月 23 日，拜登于日本东京宣布正式启动“印太经济框架”这一独立于《区域全面经济伙伴关系协定》和《全面与进步跨太平洋伙伴关系协定》等既有区域经贸规则的全新经济框架。在启动仪式上，这六大重点领域经提炼为“四大支柱”由拜登正式提出，包括互联经济（Connected

---

① The White House, “Readout of President Biden’s Participation in the East Asia Summit,” October 27, 2021, https://www.whitehouse.gov/briefing-room/statements-releases/2021/10/27/readout-of-president-bidens-participation-in-the-east-asia-summit/.

② The White House, *Indo-Pacific Strategy of the United States*, February 11, 2022, Washington, D. C., pp. 11–12, https://www.whitehouse.gov/wp-content/uploads/2022/02/U.S.-Indo-Pacific-Strategy.pdf.

③ Matthew P. Goodman and William Reinsch, “Filling in the Indo-Pacific Economic Framework,” Center for Strategic and International Studies (CSIS), January 26, 2022, https://www.csis.org/analysis/filling-indo-pacific-economic-framework.

Economy）、弹性经济（Resilient Economy）、清洁经济（Clean Economy）和公平经济（Fair Economy）。① 这一框架下每一个支柱的具体内容和每一个国家的承诺和行动将会在下一阶段紧锣密鼓地展开。9月9日，“印太经济框架”的14个成员在美国贸易代表凯瑟琳·戴和商务部长吉娜·雷蒙多（Gina Raimondo）主持下于洛杉矶召开部长级会议，除了印度未参加“贸易支柱”的谈判，与会各国均对“四大支柱”的愿景达成一定共识并发表声明。②

第一个支柱“互联经济”为贸易领域，其工作由美国贸易代表办公室领导，包括高标准劳工承诺、环境可持续性、数字经济、农业、监管、竞争政策以及贸易便利化。而其中数字经济是美国贸易代表办公室着重推动的领域，也被认为是最能代表美国需要与“印太经济框架”伙伴合作的领域，因为它不仅在全球经济中的作用举足轻重，而且能够塑造工人、消费者和企业的活动，在关键市场之间建立连接和信任。③ 美国不仅意在通过新经济模式来创造就业增加财富，而且要掌握数字经济的规则制定权和数据主导权。随后，美国围绕数字经济展开了一系列经济外交活动，这些经济外交活动包括与国际组织的

---

① The White House, “FACT SHEET: In Asia, President Biden and a Dozen Indo-Pacific Partners Launch the Indo-Pacific Economic Framework for Prosperity,” May 23, 2022, https://www.whitehouse.gov/briefing-room/statements-releases/2022/05/23/fact-sheet-in-asia-president-biden-and-a-dozen-indo-pacific-partners-launch-the-indo-pacific-economic-framework-for-prosperity/.

② Office of the United States Trade Representative, “United States and Indo-Pacific Economic Framework Partners Announce Negotiation Objectives,” September 9, 2022, https://ustr.gov/about-us/policy-offices/press-office/press-releases/2022/september/united-states-and-indo-pacific-economic-framework-partners-announce-negotiation-objectives.

③ The White House, “On-the-Record Press Call on the Launch of the Indo-Pacific Economic Framework,” May 23, 2022, https://www.whitehouse.gov/briefing-room/press-briefings/2022/05/23/on-the-record-press-call-on-the-launch-of-the-indo-pacific-economic-framework/.

"大多边"外交，也包括与特定国家举行的双边和"小多边"外交。

在"大多边"层面，美国着重通过与专业国际组织的外交活动来寻求世界对美国规则的认同。2022年6月3日，布林肯宣布支持国际电信联盟（ITU）的Partner 2 Connect（P2C）数字联盟，做出了一系列旨在消除数字鸿沟的承诺，并在随后举办的世界电信发展大会（WTDC）上介绍了这些承诺。[①] 6月11日，美国贸易代表凯瑟琳·戴召集"印太经济框架"的全部合作伙伴在法国巴黎举行会议，阐述了打造具有韧性、包容性和可持续性"贸易支柱"的愿景。次日，凯瑟琳·戴前往瑞士日内瓦参加世界贸易组织第十二届部长级会议，并在17日就世贸组织成员达成电子商务协议发表声明，对传输数据免征关税的决定表示赞赏，因为这一降低贸易成本的决议符合美国推动中小企业参与世界数字经济竞争的目标。[②] 此外，美国多个部长与国际组织同行进行协商后提出在数字经济领域的跨机构合作意见，以处理数字经济中的潜在风险和潜在利益，强化全球原则和标准。[③]

与此同时，在双边和"小多边"层面，美国关于数字经济外交的活动也在迅速同步开展。6月5—14日，常务副国务卿温迪·谢尔曼（Wendy Sherman）访问韩国、菲律宾、越南和老挝，在数字经济、供应链等议题上展开外交攻势，并与日韩建立了定期会晤的三边磋商机制。随后美国还在8月召开了美日贸易伙伴关系第二轮会议，与日本

---

① U.S. Department of State, "U.S. Leadership in Bridging the Digital Divides," June 3, 2022, https://www.state.gov/u-s-leadership-in-bridging-the-digital-divides/.

② Office of the United States Trade Representative, "Statement from Ambassador Katherine Tai on the Ministerial Decision on Electronic Commerce," June 17, 2022, https://ustr.gov/about-us/policy-offices/press-office/press-releases/2022/june/statement-ambassador-katherine-tai-ministerial-decision-electronic-commerce.

③ U.S. Departments of The Treasury, "Fact Sheet: Framework for International Engagement on Digital Assets," July 7, 2022, https://home.treasury.gov/news/press-releases/jy0854.

新任经济、贸易和工业大臣西村康稔（Yasutoshi Nishimura）举行视频会议，继续深化美日贸易合作。与此同时，白宫国家网络总监克里斯·英格利斯（Chris Inglis）也在6月26日至7月5日周旋于以色列、荷兰、英国等国的政府官员和企业家之间，在数字经济议题上寻求支持和共识。6月27日，新加坡通信和信息部长杨莉明（Josephine Teo）访美，为“美新增长与创新伙伴关系”（PGI）的数字经济领域合作再次添砖加瓦，并启动“美新科技女性伙伴计划”。[①] 此外，美国还积极争取“印太经济框架”之外的国家和地区的支持，如启动美国肯尼亚战略贸易和投资伙伴关系（STIP），甚至不顾中方强烈反对与台湾地区开展“美台21世纪贸易倡议”谈判，等等。[②]

“印太经济框架”的其余三个支柱谈判由商务部牵头，其中供应链是“弹性经济”的核心内容。虽然美国宣称其目标是为制造商确保关键部门和关键产品的安全，对至关重要的行业和产品采取集体行动，希望通过建立早期预警系统、绘制关键矿产供应链、提高关键部门的可追溯性以及协调多样化来实现弹性经济。但这一支柱更深层次的含义在于推动其“供应链韧性”战略，通过政策手段加速全球产业重构，减少对中国供应链的依赖。[③] 这一“支柱”最大的战略意义在

① U. S. Department of Commerce, “Joint Announcement: U. S. Department of Commerce and Singapore Ministry of Communications and Information Launch Partnership Program to Empower Women in Tech,” June 27, 2022, https://www.commerce.gov/news/press-releases/2022/06/joint-announcement-us-department-commerce-and-singapore-ministry.

② Office of the United States Trade Representative, “United States and Taiwan Commence Formal Negotiations on U. S. -Taiwan Initiative on 21st Century Trade,” July 8, 2022, https://ustr.gov/about-us/policy-offices/press-office/press-releases/2022/july/readout-ambassador-katherine-tais-meeting-canadas-minister-international-trade-export-promotion.

③ 李巍、王丽：《拜登政府“供应链韧性”战略探析》，《当代美国评论》2022年第2期，第1—24页。

于通过推动“印太”区域竞争，拉拢更多国家共同“蚕食”中国的全产业链优势，打击中国“世界工厂”的地位，让中国丧失同美国竞争的生产能力和经济动力。而作为生产基础的矿产，以及保障产品质量的技术更是美国关注的重中之重。

在矿产方面，在宣布启动“印太经济框架”后，美国在6月中旬联合众多国家建立矿产安全伙伴关系（MSP），针对关键矿物和金属建立更强大的供应链联盟。[①] 8月，布林肯访问南非、刚果民主共和国和卢旺达等非洲国家，着重讨论了关键矿产的供应问题。在技术方面，国防部长劳埃德·奥斯汀（Lloyd Austin）公开表示，关键技术和供应链安全是“印太经济框架”的核心。[②] 美国财政部长耶伦在“印太经济框架”启动会召开前就提出“友岸外包”（friend-shoring）之类分裂当下全球生产网络的概念，并且极为重视对日本、韩国和欧洲盟友的投入。[③] 7月耶伦先后访问日本和韩国，积极兜售“友岸外包”的供应链弹性战略。除了两国政府官员，耶伦更是积极争取两国关键企业的参与和支持，拉拢这两国落实旨在围堵中国半导体产业的“芯

① U. S. Department of State, “Minerals Security Partnership,” June 14, 2022, https://www.state.gov/minerals-security-partnership/.

② U. S. Department of Defense, “Remarks at the Shangri-La Dialogue by Secretary of Defense Lloyd J. Austin Ⅲ (As Delivered),” June 11, 2022, https://www.defense.gov/News/Speeches/Speech/Article/3059852/remarks-at-the-shangri-la-dialogue-by-secretary-of-defense-lloyd-j-austin-iii-a/.

③ “友岸外包”（friend-shoring）的提出详见 U. S. Departments of The Treasury, “Remarks by Secretary of the Treasury Janet L. Yellen on Way Forward for the Global Economy,” April 13, 2022, https://home.treasury.gov/news/press-releases/jy0714。

片四方联盟”（Chip 4）。[1] 此外，美国也积极拉拢东盟与欧盟的支持，寻求更多国际行为体对其“弹性经济”的支持。

“清洁经济”则是瞄准基础设施建设和新能源这两大中国优势领域，美国明确表示其经济蓝图是要通过投资基础设施，让美国成为清洁能源就业和创新领域的世界领导者。[2] 在新能源方面，美国对当前中国的优势地位十分焦虑，中国现在已经成为最大的低碳技术（Low-Carbon Technologies，LCTs）的进出口国。凯瑟琳·戴表示，当前中国光伏太阳能电池占全球产量的 80%，而太阳能供应链的大部分甚至在美国都不存在。[3] 以化石燃料为基础的传统能源长久以来一直是工业活动的支柱。传统能源依赖于特定的自然条件，而新能源则意味着摆脱被这种特定条件束缚的巨大潜力，从现有国内基础跨越到低碳技术的过程必将重塑经济结构，产生大量经济利益，美国势必要在能源转型的道路上夺取优势地位。为了削弱中国在清洁技术领域的优势，美国不仅投入大量资金在国内实施发展新能源的产业政策，随后也在国际上进一步寻求盟友和伙伴的支持。7 月，美国和加拿大签署协定以

---

① 耶伦对日韩关键企业的经济外交活动参见 U. S. Departments of The Treasury, “READOUT: Secretary of the Treasury Janet L. Yellen’s Meeting with Japanese Business Leaders on Bolstering Supply Chain Resiliency and Expanding Friend-Shoring,” July 12, 2022, https://home.treasury.gov/news/press-releases/jy0856; U. S. Departments of The Treasury, “Remarks by Secretary of the Treasury Janet L. Yellen at LG Science park,” July 19, 2022, https://home.treasury.gov/news/press-releases/jy0880。

② The White House, *The Biden-Harris Economic Blueprint*, September 9, 2022, https://www.whitehouse.gov/wp-content/uploads/2022/09/Biden-Economic-Blueprint-Report-720PM-MASTER-DOC.pdf.

③ 中国在新能源方面的地位的表述参见 United Nations Conference on Trade and Development, *Trade And Development Report 2021*, October 28, 2021, p. 114; Office of the United States Trade Representative, “Remarks As Prepared for Delivery of Ambassador Katherine Tai Outlining the Biden-Harris Administration’s ‘New Approach to the U. S. -China Trade Relationship’,” October, 4, 2021, https://ustr.gov/about-us/policy-offices/press-office/speeches-and-remarks/2021/october/remarks-prepared-delivery-ambassador-katherine-tai-outlining-biden-harris-administrations-new。

解决双方太阳能产品的贸易争端，促进更大程度的北美太阳能供应整合，并与澳大利亚签署协定以加强清洁能源技术合作。①

为了对抗中国的“一带一路”倡议，美国也加强了在基础设施建设中的投入，尤其着重在绿色基建的论调下为美国基建营造合理性和优越性。首先，美国联合经济发达的盟友和伙伴国家为基建提供资金支持以制衡中国的“一带一路”倡议，在拜登于2022年5月宣布启动“印太经济框架”之后的6月，七国集团峰会在德国埃尔茂城堡召开，七国领导人正式启动全球基础设施和投资伙伴关系（Partnership for Global Infrastructure and Investment，PGII），强调向清洁能源过渡在繁荣经济、增强竞争力方面的巨大作用。② 其次，美国也积极在基础设施欠发达的发展中国家开拓市场，包括积极推动繁荣非洲计划（Prosper Africa Initiative），强化非洲营商咨询委员会（President's Advisory Council on Doing Business in Africa）的作用，并积极筹备美非领导人峰会等。通过对供需两端“双管齐下”的经济外交行动，美国力图寻求全球基建领域的优势地位和主导角色，削弱中国在基建领域的影响力。

虽然美国宣称“公平经济”的目标是为企业和工人提供公平的竞争环境和透明度，但其实质是美国利用在金融、投资领域的优势地

---

① Office of the United States Trade Representative, "Readout of Ambassador Katherine Tai's Meeting with Canada's Minister of International Trade, Export Promotion, Small Business, and Economic Development, Mary Ng," July 8, 2022, https://ustr.gov/about-us/policy-offices/press-office/press-releases/2022/july/readout-ambassador-katherine-tais-meeting-canadas-minister-international-trade-export-promotion; U. S. Department of Energy, "Australia and U. S. Join Forces on the Path to Net-Zero," July 12, 2022, https://www.energy.gov/articles/australia-and-us-join-forces-path-net-zero.

② The White House, "Memorandum on the Partnership for Global Infrastructure and Investment," June 26, 2022, https://www.whitehouse.gov/briefing-room/presidential-actions/2022/06/26/memorandum-on-the-partnership-for-global-infrastructure-and-investment/.

位，借机主导新兴技术和新兴市场经济实践规则的重要抓手。经济发展离不开巨额融资，私营部门的参与能为“印太”地区带来大量投资，也能产生高额回报。因此，美国必须获得资本跨国流动中的规则制定权和主导权，以保护美国公司在“印太”投资的利益。而且只有美国公司在“印太”地区深度参与，才能为美国的对外战略和外交政策提供条件。此外，“公平经济”不仅是一种制度竞争，也是意识形态的竞争。中国举世瞩目的发展成就不可避免地产生巨大吸引力，但美国将中国“集中力量办大事”的制度优势描绘为“不公平”的经济做法，通过否定中国的方式打击中国意识形态的影响力。

总之，“印太经济框架”已经成为美国打造“经济印太”与中国竞争的重要制度工具，通过以上“四大支柱”明确了“印太经济框架”所要关注的重点方向和关键领域，针对中国的经济优势采取有的放矢的经济战略，联合盟伴国家为中国经济发展制造障碍，以保障美国能够继续掌握优势地位，主导世界经济的进程与规则。

三、“印太经济框架”对亚太经济秩序的影响及中国的应对

作为近年来美国在亚太地区推出的最雄心勃勃的一项区域经济合作倡议，“印太经济框架”将深刻搅动亚太地区的地缘政治和地缘经济格局。如果《跨太平洋伙伴关系协定》还有推动区域合作的经济色彩，那么“印太经济框架”的性质则更类似于地缘竞争的工具性质，政治色彩占据主导地位。在“印太经济框架”的布局中，经济成为地缘政治竞争的工具，其战略战术也更加灵活多变，对区域经济和中国

发展都构成了巨大的不确定性。正如拜登所说，“印太经济框架”的推出会加剧区域竞争，当下来看，这种竞争不仅仅局限于中美之间在亚太地区的经济竞争，还包括中美之间对如何发展经济的规则和制度竞争，更包括“印太”地区其他国家之间的相互竞争。“印太经济框架”不是一项自由贸易协定，其目标更不是在全球推动一般性的自由贸易，而是一项响应美国国内中产阶级利益诉求的国际经济战略。[①] 这也意味着美国如果未来不能达到竞赢中国、护持霸权以保护美国国内中产阶级利益的目的，就不会重返支持全球化的政策路线。

“印太经济框架”的推进不仅对中国的亚太经济影响力和战略空间施加了更大压力，也让区域其他国家受到在中美之间选边站队的压力，造成亚太国家之间的分化。拜登政府执政以来，美国不断通过构建小范围联盟机制来制衡中国，维护其亚太地区的利益。从之前的五眼联盟，到美英澳三边安全伙伴关系（AUKUS）、美日印澳“四边机制”等。“印太经济框架”实质上仍是美国通过整合“印太”地区盟伴关系来削弱中国和维护自身利益的工具，其地缘政治和意识形态色彩浓厚。根据成员名单来看，美国并未邀请东盟所有成员，而是根据不同国家国情、在遏制中国方面可能产生的影响力而区别对待。这种安排可能会造成亚太地区和东盟国家的分化和激烈竞争，不利于亚太经济建设一体化和资源的整合。

“印太经济框架”这一经济新倡议也将加剧亚太区域制度竞争。亚太地区现已存在以《区域全面经济伙伴关系协定》和《全面与进步跨太平洋伙伴关系协定》为代表的两种经济一体化的规则路径，并且

---

① 刁大明：《拜登政府的“中产阶级外交”》，《现代国际关系》2021 年第 4 期，第 10—18 页。

《区域全面经济伙伴关系协定》已正式生效。① 在这种情况下，“印太经济框架”势必会冲击当前已经构建的经济制度格局。《区域全面经济伙伴关系协定》和《全面与进步跨太平洋伙伴关系协定》很多成员被美国拉入“印太经济框架”这一新框架，这可能将迫使成员在不同框架的制度标准中做出选择，降低两大既有制度安排的约束力和影响力。

面对当下严峻的战略竞争压力，中国要根据美国战略的调整和转型有针对性地回击，找到其可能存在的弱点和漏洞，提前制定策略进行化解，做好准备。整体而言，就是要充分利用中国在人才、市场、基建和产业的四大优势，努力提高自身的经济“造血”能力，同时也要充分认识并利用当下复杂的国际关系，采取理性而有效的经济外交战略来应对美国的攻势。

首先，以自强应对压制。在美国不会改变其竞赢中国的既定战略目标时，中国只有加速提升自身实力地位，才能具备更强的能力和实力来践行自己的国际战略，强大的国家实力和国家能力是应对挑战和威胁的基础。未来大国竞争的关键在于国内治理的竞争，切实提高本国的经济实力与软实力是最根本和最基础的应对之策。

其次，以“挂钩”制衡“脱钩”。中国应避免以绝对的“敌我对立”“铁板一块”的方式来看待中国与美国盟伴国家之间的关系，对美国所构建的一系列“排华小圈子”，需反其道而行之，加强同美国盟伴国家的合作，争取更为稳定可靠的关系，从而提高其遏制中国的成本，降低美国拉拢的吸引力。中国在合作的同时，也应选择数个重

---

① 孙忆：《CPTPP、RCEP 与亚太区域经济一体化的前景》，《东北亚论坛》2022 年第 4 期，第 98—113 页。

要且合适的美国盟伴，有所区别地实施惩罚或拉拢策略，从而降低美国多边机制的实施效果。

再次，中国最重要的经济战略布局即应聚焦于东南亚，全面加强和东盟国家在经济上的对接和互联互通，把“一带一路”重点转向东南亚地区，将东盟打造成为中国的经济腹地。东盟现在已成为中国的第一大贸易伙伴，未来东盟国家对中国的经济依赖也将越来越大，应进一步强化这种经济联系和经济依赖关系，以此捍卫中国的区域影响力。此外，对每个加入“印太经济框架”的东盟国家而言，《区域全面经济伙伴关系协定》比“印太经济框架”更具有约束力和实质意义。

最后，中国在外交上应对欧洲的战略定位做出准确而谨慎的判断。在中美欧大三角关系中，欧洲并非中国的战略竞争对手，中国应进一步夯实同欧洲的合作关系。与美国不同，欧洲并不把中国视作安全威胁。亚欧之间的联系在不断深化，英法德是中国顶尖国防技术的主要供应商，并且是中国对外投资的主要目的地。[①] 如果欧亚能够实现互联互通，那欧洲对美国的经济依赖势必有所下降，从而进一步松绑大西洋两岸关系。

加之自乌克兰危机后，欧洲面临着前所未有的能源危机，在欧洲面临重大经济难题的情况下，中国更应该发挥积极作用，体现大国担

① 从20世纪80年代后期到现在，法国已经向中国交付了数百架军用直升机，例如 AS565S Panther，2016—2020年，法国一直是中国第二大武器来源国，占比约9.7%；中国还从德国购买了数千台柴油发动机，并从英国等国家购买了其他燃气轮机和涡轮风扇发动机，详见 Maryann Xue, “China's Arms Trade: Which Countries Does It Buy from and Sell to?” *South China Morning Post*, July 4, 2021, https://www.scmp.com/news/china/military/article/3139603/how-china-grew-buyer-major-arms-trade-player?module=perpetual_scroll_0&pgtype=article&campaign=3139603。

当，努力为其化解难题，凸显中欧全面战略伙伴关系的意义，为陷入困境的欧洲企业提供出路，出台更多政策吸引欧洲企业来华投资、来华设厂。如俄罗斯削减对欧洲的天然气供应对如巴斯夫（BASF）之类的重要欧洲工业巨头构成严峻威胁，为了获得稳定的能源补给，巴斯夫加快在中国的生产建设，其在华首家工厂已经于2022年9月开始运营。在欧洲能源供给不足、通胀高企的环境下，中国应进一步加大拉拢欧洲的力度，深化中欧之间的联系。

整体而言，虽然“印太经济框架”对亚太区域秩序带来新的冲击，对中国周边和国际环境都构成了更大压力，但在这种形势下，中国也不必过于紧张，做到清晰认识其战略框架、寻找其漏洞不足、稳住自身战略定力、充分发挥既有优势、谨慎处理多重矛盾。在应对得当的情况下，中国必能化解重重挑战。

四、结语

“印太经济框架”更多是一项美国联合其盟伴国家在关键领域削弱中国、重新巩固其霸权地位的区域倡议。相比于《跨太平洋伙伴关系协定》所追求的高标准和区域合作，“印太经济框架”具有更加强烈的地缘政治竞争色彩。美国与相关国家和国际组织已经围绕“四大支柱”展开了紧锣密鼓的经济外交行动，在可预计的未来美国也将继续聚焦于关键领域，多方采取实际动作。

犹如一块巨石从高空猛烈砸入本就暗流汹涌的湖面，“印太经济框架”将加剧地区政治经济格局的复杂化程度。中国将重新面临类似当年美国力推《跨太平洋伙伴关系协定》谈判时的地缘环境，如何以冷静审慎而又积极有为的方针政策应对之，是未来若干年里中国经济外交的首要任务。尽管美国不断升级其对华战略攻势，但中国的应对应时刻遵循理性、冷静、克制、灵活的积极态度，既不能过于悲观，亦不能盲目乐观。

国内政治视角下的俄罗斯气候政策转向分析

[俄] 斯维特兰娜·卡尔玛耶娃　徐博*

摘　要　随着世界进入百年未有之大变局，国际治理进程也越发复杂多变。其中气候变化无疑已经成为大国开展多边合作和互动的重要议题。俄罗斯作为当今国际体系中无可争议的能源输出大国和温室气体排放大国，其气候变化政策也将对国际气候变化合作产生极为重要的影响。自2022年乌克兰危机以来，世界能源格局加速演变。与此同时，近年来普京政府对气候变化合作的态度也由保守转为积极，除了批准加入《巴黎协定》，还出台了一系列政策参与国际气候合作。对于俄罗斯气候政策演进与改变的原因，既往研究给予的解释可大体分为两种路径：一种是理性主义，另一种是人格主义。与此不同的是，本文将提供解释俄罗斯气候政策转向的第三种逻辑，即国内政治路径。本文的研究表明气候政策是一项具有强烈国内政治属性的对外政策。领导人个人、政治精英集团以及能源工业集团是塑造俄罗斯气候政策的三个关键要素。气候变化议题通过观念、制度和收益三种路径

* 斯维特兰娜·卡尔玛耶娃，吉林大学外国语学院外籍教师，研究方向为俄罗斯文化、俄罗斯对外关系；徐博，吉林大学东北亚研究中心、东北亚学院国际政治研究所教授，研究方向为俄罗斯政治与对外政策。

分别对这三个行为体产生影响，最终造成了俄罗斯气候政策的转向。

关键词 气候变化；俄罗斯；国内政治；气候政策

随着世界进入百年未有之大变局，国际治理进程也越发复杂多变。其中气候变化议题（climate change）无疑已经成为大国开展多边合作和互动的重要领域。随着中国宣布2060年前实现碳中和的目标、美国拜登政府重返《巴黎协定》以及2021年4月领导人气候峰会的召开，全球气候变化治理的制度建设以及多边合作又进入一个新的加速阶段。气候政策（climate policy）日渐成为世界各大国的施政重点以及重要的对外合作渠道。

俄罗斯作为当今国际体系中的能源大国以及《巴黎协定》的参与国，其气候政策一直是全球气候变化治理的重要组成部分。更为重要的是，作为国际能源供给体系中的支柱性力量，俄罗斯的化石能源开采与出口是影响全球气候变化进程的关键性因素之一。今天的俄罗斯作为仅次于中国、美国和印度的世界第四大温室气体排放国，其排放总额超过欧洲所有主要国家的排放总和，其人均温室气体排放量则超过中国、印度和欧洲国家居世界第三位。能源大国与排放大国双重身份使俄罗斯成为应对全球气候变化的重要相关责任方。

事实上，俄罗斯早在20世纪90年代就已经开始参与全球气候变化治理的进程。1994年俄罗斯签署了《联合国气候变化框架公约》。2004年11月俄罗斯又批准了《京都议定书》，并于之后开始参与《京都议定书》第一阶段的执行。在梅德韦杰夫担任俄罗斯总统期间，俄罗斯对应对气候变化问题一度表现出了积极态度。2009年梅德韦杰夫签署了《俄罗斯联邦气候变化基本原则》，强调俄罗斯需要积极应对气候变化带来的挑战，突出气候政策的明确性与公开性，并全面思考气候变化带来的损失与收益并为此制定预防性措施。[①]

但与此同时，多年来俄罗斯政府在气候政策制定与实施上又往往体现出了一种矛盾乃至消极的态度。虽然俄罗斯于 2004 年签署了《京都议定书》，但主导俄罗斯政府决策的大批官员一直对气候变化问题持有怀疑态度。[②] 在 2012 年普京第三次担任俄罗斯总统后，俄政府最终宣布退出《京都议定书》。在 2015 年《巴黎协定》问世之后，俄罗斯政府也迟迟未参与其中。[③]

然而自 2019 年以来，俄罗斯的气候政策却开始出现了极为明显的转向态势，采取积极的气候政策成为俄罗斯政府的重要战略选项。2019 年 9 月俄罗斯政府批准加入《巴黎协定》，2020 年 11 月普京总统签署碳减排法令，要求俄罗斯政府努力实现《巴黎协定》的目标，使俄罗斯 2030 年的温室气体排放量比 1990 年减少 30%。在 2021 年的年度《国情咨文》中，普京面对俄罗斯两院议员时首次突出强调了气候变化给俄罗斯带来的影响，提出要使俄罗斯国内 12 个最大的工业中心碳排放减少 20%，在未来 30 年内使俄罗斯累计温室气体排放量小于欧盟。[④] 俄罗斯负责能源事务的副总理诺瓦克在出席 2021 年盖达尔论

---

① МИДРоссии: Климатическаядоктрина Российсой Федерации, 2009-12-17, https://www.mid.ru/foreign_policy/official_documents/-/asset_publisher/CptICkB6BZ29/content/id/269098.

② Georgy Safonov, "Back to the Future? Russia's Climate Policy Evolution," Center for Strategic & Interntional Studies, 2021-3-1, https://www.csis.org/analysis/back-future-russias-climate-policy-evolution.

③ B. Путин, выступление на саммите по вопросам климата, http://www.kremlin.ru/events/president/news/65425.

④ Послание президента федеральному собранию, 2021-4-21, http://www.kremlin.ru/events/president/transcripts/65418.

坛时表示，俄罗斯政府将在2021年批准气候变化战略，并在各经济领域实施节能规划。①

2022年乌克兰危机爆发后，俄罗斯对欧洲的能源出口受到极大影响，世界能源价格居高不下，世界能源格局进入加速转型阶段。面对这一问题，俄罗斯力图通过改善能源出口结构和开拓新能源的方式来加以应对。而俄罗斯的气候变化政策将对未来俄罗斯能源发展以及世界能源市场构成重大影响。

对于俄罗斯气候政策演进与改变的原因，既往研究给予的解释可大体分为两种路径：一种是理性主义（rationalism），另一种是人格主义（personalism）。理性主义强调俄罗斯在制定气候政策时与世界其他主要国家一样，遵循的是核算成本—收益的理性行为模式。其中一种观点指出，由于传统的化石能源产业在俄罗斯经济发展和国家财政预算中具有的重要作用，俄罗斯常常推进更加消极的气候政策，因为严格的减排限制往往意味着会损害以能源生产出口为主要动力的俄罗斯经济。同时，也有另一种观点指出，由于气候变暖带来的北极融冰加速以及冻土地带自然资源开采难度降低，俄罗斯采取消极气候政策的目的在于成为全球气候变化的受益者。这两种理性主义的视角都指出俄罗斯消极对待气候问题符合理性主义的政策选择。

而人格主义则认为俄罗斯的气候政策变化极度依靠俄罗斯最高领导人的人格特征。因为俄罗斯总统在俄罗斯对外战略决策中拥有很大的权力，所以俄罗斯的气候变化政策与俄罗斯总统的个人偏好息息相关。梅德韦杰夫时期俄罗斯对气候变化问题的积极态度主要源自梅德

---

① 中华人民共和国商务部：《俄将于2021年通过气候变化战略》，2021年1月22日，http://topic.mofcom.gov.cn/article/tongjiziliao/fuwzn/oymytj/202102/20210203035832.shtml。

韦杰夫本人对这一问题的高度重视。而普京作为持有保守主义立场的俄罗斯政治家则对气候变化议题兴趣不大。俄罗斯最高领导人对气候变化的认知差别是影响俄罗斯气候政策的根本原因。

与之前的研究观点不同，本文将提供解释俄罗斯气候政策转向的第三种逻辑——国内政治。本文将分析气候变化这一全球性议题如何成为影响俄罗斯国内政治的关键因素，进而塑造了2019年以来俄罗斯气候政策的转向。研究表明，领导人个人、政治精英集团以及能源工业集团是塑造俄罗斯气候政策的三个关键国内政治要素。这三个要素分别通过观念、制度和收益三种路径影响了俄罗斯的气候政策决策，最终造成了俄罗斯气候政策的转向。

一、问题的提出与文献回顾

作为全球治理的关键性议题，气候变化合作是21世纪大国多边互动的重要平台。然而，由于气候和环境所具有的公共产品属性以及国际关系中的无政府状态，气候变化合作的基础和动力来源主要是各国所实施的、以主权国家为依托并由政府主导制定的气候政策。因此，21世纪的气候政策一方面是国际关系中各国互动的契机和工具，是各国对外政策（foreign policy）的重要组成部分，另一方面具备极其强烈的国内政治属性，其施动者主要是主权国家的国内政府。因此，气候政策变化的关键推动者也必然是国内政治的主要行为体。

国际气候变化合作的发展进程也充分体现了气候政策的这一独特性质。国际气候合作的起点和基础框架是1992年签署的《联合国气候变化框架公约》。该公约的核心条款一方面规定各国均有义务限制温室气体排放，使其“浓度稳定在防止气候系统受到危险的人为干扰的水平上”，但同时也非常强调“共同但有区别的责任”原则、公平原则、各自能力原则和可持续发展原则。承认“发展中国家有消除贫困、发展经济的优先需要”，而发达国家需要向发展中国家提供资金和技术支持。[①] 这表明国际气候变化合作在一开始就突出了气候变化的国内政治特点，而各缔约国也极为重视气候政策对本国社会经济发展的影响。

在之后的《京都议定书》和《巴黎协定》上，这一特点进一步凸显出来。《京都议定书》继续强调“普遍但有所区分的责任”，强调发达国家是温室气体的主要排放国，而发展中国家的排放控制应当与其发展水平相适应。中国和印度等发展中国家虽然签署了《京都议定书》，但均不受《京都议定书》所规定的温室气体排放限制。[②]《巴黎协定》虽然将中国等发展中国家包含了进来，但其运行则主要依赖以“国家自主贡献”为核心的“自下而上”模式，形成了“自主承诺促进全面参与、以进展透明促进互信互鉴、以定期盘点促进渐进渐强的全球气候治理体系”。[③]

俄罗斯作为《联合国气候变化框架公约》《京都议定书》和《巴黎协定》的缔约国，是全球气候变化合作的重要参与方。在分析俄罗斯气候政策的演变逻辑方面，既有研究更多地将其决策过程视为黑箱模式（black box model），因而主要从理性主义和人格主义的视角出

① 《联合国气候变化框架公约》，https://unfccc.int/sites/default/files/convchin.pdf。

② 《〈联合国气候变化框架公约〉京都议定书》，https://unfccc.int/resource/docs/convkp/kpchinese.pdf。

③ 李慧明：《全球气候治理的“行动转向”与中国的战略选择》，《国际观察》2020年第3期，第67页。

发，强调客观因素和个人因素对俄罗斯气候政策产生的影响。

理性主义是最为普遍的分析俄罗斯气候政策的理论范式。其分析的出发点在于承认俄罗斯与所有国家一样，都是国际关系中的理性行为体。其气候变化政策也和其他对外政策一样，是俄罗斯政府经过成本—收益核算的产物。莫斯科高等经济大学的著名学者谢尔盖·卡拉甘诺夫（Sergei Karaganov）和气候政策专家伊戈尔·马卡洛夫（Igor Makarov）认为，俄罗斯长期处于气候变化治理的边缘地位，源于其在世界经济格局中的位置以及自身对传统能源行业的依赖。而21世纪以来，尤其是近年来俄罗斯对气候问题越发重视则源于俄罗斯政府认识到了自身所具有的参与气候变化问题的巨大潜力，并将其视为提高俄罗斯国际地位的重要手段。[①] 俄罗斯财政部财政研究院的雅科夫列夫（Igor Yakovlev）等学者则认为，俄罗斯的气候政策变化主要是受到外部环境的影响，俄罗斯已经成为全球气候治理的重要参与者，并一直在根据外部世界的变化适时地调整其气候政策。未来俄罗斯的气候政策应当更加重视与社会经济发展计划和全球环境治理趋势相适应。[②]

与俄罗斯学者相比，更多的西方学者试图通过人格主义的视角分析俄罗斯政治体制中的人格因素对俄罗斯气候变化政策的影响。芬兰学者威利·廷屈宁（Veli-Pekka Tynkkynen）在考察普京总统第三任期内的俄罗斯气候政策时认为，2012—2018年俄罗斯气候政策走向停滞

① Сергей Караганов, Игорь Макаров, *Поворот к природе: новая экологическая политика России в условиях зеленой трансформации мировой экономики и политики*, Москва: Международные отношения, 2021, стр. 15.

② Игорь Яковлев, Людмила Кабир, Светлана Никулина, “Климатическая политика Российской Федерации: международное сотрудничество и национальный подход,” *Финансовый журнал*, 2020 – №4, стр. 26.

甚至趋于保守的主要原因在于，国内治理方面的威权主义上升以及俄罗斯政治领导人对俄能源大国地位的关注，尤其是化石能源工业对当代俄罗斯大国地位的支撑作用。[①] 而美国学者安娜·科尔伯（Anna Korppoo）则利用否决者理论分析了俄罗斯签署、批准和退出《京都议定书》的决策过程，并认为领导人个人是对俄气候政策有着极重要影响的唯一“否决者”，其他政治机构和个人在这一过程中则发挥着极为次要的作用。[②] 此外，也有学者认为，随着俄罗斯战略决策过程的日趋人格化，能够影响俄罗斯气候政策的政权外行为体越来越少。尤其是非政府组织和公众讨论（public disscussion）参与的弱化使俄罗斯政府的气候政策更容易受到大型国有能源公司的影响，从而加剧了当前俄罗斯气候政策的保守化趋势。[③]

基于对相关问题以往的学术研究文献的梳理可以看出，当前国内外学界对俄罗斯气候政策转向的研究，或完全忽视俄罗斯的国内政治，将俄国内层次中影响气候政策的各个关键要素体视为利益完全一致、行为逻辑基本相似的理性行为体；或在国内政治中突出强调俄罗斯政府最高领导人的个人作用，边缘化其他决策参与主体。

实际上，俄罗斯气候政策的内部决策同样存在着明显的博弈过程，而根据海伦·米尔纳（Helen Milner）对国内政治与国际合作的关

① Veli-Pekka Tynkkynen, Nina Tynkkynen, “Climate Denial Revisited: (Re) contextualizing Russian Public Discourse on Climate Change during Putin 2. 0,” *Europe-Asia Studies* 70, no. 7 (2018): 1103-1120.

② Anna Korppoo, “Who Is Driving Russian Climate Policy? Applying and Adjusting Veto Players Theory to a Non-democracy,” *International Environmental Agreements* 16, no. 5 (2016): 649.

③ Nina Tynkkynen, “A Great Ecological Power in Global Climate Policy? Framing Climate Change as a Policy Problem in Russian Public Discussion,” *Environmental Politics* 19, no. 2 (2010): 180.

系研究，影响国内政治行为体对合作需求的最重要因素是偏好差异。[①]因此，本文将试图构建一种能够为俄罗斯气候政策转向提供有力解释的国内政治分析框架，从而阐述气候变化议题如何通过影响国内政治行为体的不同偏好进而塑造气候政策，使俄罗斯自2019年以来转而采取积极的气候政策参与到国际气候合作中来。

二、俄罗斯气候政策中的国内政治因素

当今国际关系研究中，国内政治更多作为一种干预变量存在。其核心作用在于接收体系刺激，并将体系刺激通过国内政治要素进行过滤而最终形成具体的对外政策。[②]

气候变化作为国际关系研究中的一个较新的议题，现有的研究一般认为对一国气候政策有着关键影响的国内政治要素由以下五个方面构成：领导人个人、政治精英集团、政党政治、能源工业集团以及公众舆论。但由于各国政体与政治制度的不同，国内政治变量的作用也会在不同国家的气候政策上有所差别。例如，由于美国所具有的总统制加两党制的政治结构，总统的个人因素和政党偏好在美国气候政策的制定过程中起着关键作用。拜登个人对气候问题的重视以及民主党在气候变化问题上的积极态度使拜登政府治下的白宫将应对气候变化视为美国最迫切的任务和优先政策方向。与此相比，特朗普对气候变

---

① Helen Milner, "*Interests, Institutions and Information: Domestic Politics and International Relations* (Cambridge: Princeton University Press, 1997), p. 35.

② Eliaz Gotz, "Neoclassical Realist Theories, Intervening Variables, and Paradigmatic Boundaries," *Foreign Policy Analysis* 15, no. 1 (2021): 3.

化议题的消极态度乃至共和党对气候变化的怀疑则使特朗普政府治下的美国对参与气候治理的态度相当负面。而从政党政治的层面来看，政治极化，即美国国内民主、共和两党对气候变化议题的巨大差别已经成为影响美国参与全球气候治理的重要变量。

与美国相比，政党政治对俄罗斯气候政策的影响比较微弱，这主要是由于俄罗斯国内政治体系所具有的“超级总统制”以及“政权党”特征使政党政治难以在如气候变化等新兴议题领域占据关键主导地位。无论是组成中右翼力量的“统一俄罗斯党”和“自由民主党”，还是组成中左翼力量的“俄罗斯共产党”和“公正俄罗斯党”，均未在其党章和竞选纲领中提出鲜明的气候政策主张。而曾提出关注气候议题的亲西方政党“亚博卢”和地区性政党“俄罗斯绿色联盟”则长期处于国家杜马体系之外，这也使气候问题在俄罗斯政党政治的讨论中一直处于边缘地带。

公众舆论在俄罗斯气候政策中的角色则比较矛盾。从俄罗斯的民意调查结果来看，只有不到一半的民众认为气候变化是对俄罗斯的“主要威胁”，而认为气候变化对俄罗斯只有“很小威胁”或“没有威胁”的比例则高达51%。① 此外，根据全俄舆论中心的调查，虽然部分俄罗斯民众承认气候变化正在某种程度上影响他们的生活，但是认为气候变化与人类活动无关的人数比率近年来不断攀升，而且认为气候变化对俄罗斯是“战略机遇”的人数比率也从18%上升到了27%。② 因此，与西方国家不同，公众舆论在推动俄罗斯出台更积极

① Pew Research Center, “How People Worldwide View Climate Change,” April 18, 2019, https://www.pewresearch.org/fact-tank/2019/04/18/a-look-at-how-people-around-the-world-view-climate-change/.

② Russian Public Opinion Research Center, “Representative Opinion Poll,” January 23, 2020, https://wciom.com/index.php?id=61&uid=1433.

的气候政策的过程中所起到的作用也是比较有限的。

与政党政治和公众舆论相比，领导人个人、政治精英集团以及能源工业集团则是影响俄罗斯气候政策的关键要素，在俄罗斯气候政策的制定与实施过程中起到了不可替代的作用。

由于俄罗斯国内政治所具有的“超级总统制”的特征，总统成为俄内外政策决策的核心人物，因此，俄罗斯总统个人的政策偏好与战略观念会在极大程度上影响俄罗斯对外政策的走向。而在气候变化问题上，俄罗斯总统的这一独特地位则主要体现在以下两个方面。首先，最为重要的是，俄罗斯总统的个人观念决定了俄罗斯对气候问题的基本态度。由于俄罗斯对外政策决策基本上是一个自上而下的过程（top-down process），俄罗斯总统往往是很多关键政策倡议的发起者和提出者。其次，俄罗斯总统对政治议程的强大掌控能力使其能够加快推进俄罗斯气候政策立法的进程。以统一俄罗斯党为代表的俄罗斯“政权党”是俄罗斯总统推行国内立法和国内治理的重要手段。这是因为统一俄罗斯党在俄国家杜马和联邦委员会中长期占据多数席位，使俄联邦总统的个人意志能够在立法实践中得到快速执行。

政治精英集团也是影响俄罗斯气候政策的重要国内政治行为体。俄罗斯的政治精英集团主要由身处莫斯科中央官僚机构的中央政治精英和身处各联邦主体领导岗位的地方政治精英组成。这一政治行为体对俄罗斯气候政策的主要影响途径是通过其传导功能将最高领导人的政治意志转变为专业性政策文件并加以实施。① 一般来说，中央和地方政治精英的有效协作能够使俄罗斯内外政策的施行更有效率，提升

① 徐博、［美］威廉·瑞辛格：《国际关系角色理论视角下俄罗斯对中国能源外交决策探析》，《东北亚论坛》2019 年第 4 期，第 103 页。

俄罗斯国内的治理水平。而这也是普京政府近年来的重要政治改革目标，即提高联邦政府与地方政府的有效互动，改善俄罗斯国内治理中的“脱节”现象。

其他影响俄罗斯气候政策的关键国内政治行为体是以俄罗斯天然气工业公司和俄罗斯石油公司为主体的俄罗斯能源工业集团。作为俄罗斯国内政治中最有影响力的利益集团，俄罗斯能源工业集团对俄气候政策的制定具有极为强大的话语权。造成这一特点的原因主要有三个方面。第一，俄罗斯能源工业集团是俄罗斯经济发展的支柱。迄今为止，俄罗斯联邦预算的46%是由能源企业创造的。能源产业的发展对俄罗斯的经济稳定具有至关重要的作用。第二，俄罗斯能源企业是受气候政策影响最为明显的生产部门，对俄罗斯气候政策的变化也最为敏感。因此，俄罗斯政府在制定气候政策时十分注重对俄罗斯能源领域的保护。在2019年俄政府出台的《2035年前俄罗斯的能源战略》中，气候问题的加剧以及新能源的发展被列为俄罗斯能源产业发展的“重大挑战”。第三，俄罗斯能源工业集团的能源开采作业以及能源利用率长期处于低位是造成俄国内温室气体排放居高不下的重要原因。相关统计表明，俄罗斯温室气体排放总额的79%产自能源行业，因此，俄罗斯政府的气候政策施行最关键的步骤之一就是要提高俄罗斯能源工业集团的能源开采与使用效率，而这对俄罗斯政府和国有能源公司来说都需要巨大的资源以及技术投入。

当前俄罗斯能源工业集团影响俄气候政策制定的途径主要有两种。一是通过自身独特的国内政治影响力来影响俄罗斯的气候政策偏好。近年来，俄罗斯的一些能源企业开始逐渐出台应对气候变化的发展战略。2019年鞑靼石油公司成为俄罗斯国内第一家宣布到2050年实现碳中和的能源企业。此后俄罗斯的其他能源企业相继开始出台战略规划应对气候议题。能源工业集团的这一系列规划为俄罗斯气候政策转向奠定了基础。但同时，俄罗斯能源工业集团为维护自身利益也在利用强大的游说能力说服俄政府不要过快推行积极的气候政策，尤其是新能源政策。2019 年俄罗斯政府本应推行的排放配额和碳定价法案正是由于能源集团的强大游说而未能全面实施。二是通过国际能源合作来强化俄罗斯气候政策的国际对接。作为世界能源体系中的重要能源供给国，对外能源产品出口是俄罗斯企业和政府创汇的最主要手段。俄罗斯出口收入的 65% 由能源产品创造。因此，世界各国的能源政策与气候政策的变化也会通过影响俄能源行业的出口进而影响俄罗斯政府的气候政策规划与实施。其中欧洲作为俄罗斯能源出口的最大市场，近年来，不断推广的清洁能源使用和越发严格的气候政策已经造成了俄罗斯对欧能源出口的停滞。而东北亚国家作为俄罗斯能源出口的新兴市场，也随着各国对环境问题的日益重视而面临更多的气候政策挑战。因此，在《2035 年前俄罗斯的能源战略》中，俄罗斯政府在应对气候变化问题时提出要积极参与制定国际环境和气候立法，并使俄罗斯联邦的气候立法与国际环境问题的发展方向相一致。

总体而言，在当前俄罗斯国内政治结构中，政党政治与公众舆论对气候政策的影响处于十分弱势的地位。而领导人个人、政治精英集团和能源工业集团则具有更为强大和持续的影响力。然而，这三者影响俄气候政策的方式却并不相同。领导人个人主要通过其领导力和执政理念等观念路径对俄罗斯气候政策产生影响；政治精英集团则主要通过政策规划与制定等制度路径对俄气候政策产生影响；作为俄罗斯国内政治中最重要的利益集团，能源企业则主要通过自身的工业和商业活动对俄政府的气候政策产生影响。这三者在影响路径上的不同决定了其在俄气候政策转向中所扮演的角色也并不相同。而三者的共同作用是最终塑造俄罗斯政府气候政策转向的重要基础。

三、俄罗斯气候政策转向的国内政治解释

近年来，俄罗斯在气候变化合作领域变得日益积极和活跃。以2019年批准《巴黎协定》为起点，俄罗斯政府在2020年和2021年密集出台了《国家适应气候变化第一阶段行动计划》和《俄罗斯联邦关于减少温室气体排放的总统令》等一系列相关国内法令法规，2021年普京更是在《国情咨文》中首次大谈气候变化给俄罗斯带来的系统性风险。此次俄罗斯气候政策的转向一方面是受到了体系刺激，即全球治理过程中各国对气候问题态度日渐升温的影响。但更为重要的是，体系刺激分别通过观念、制度和收益三个路径影响了领导人个人、政治精英集团以及能源工业集团三个关键的国内政治变量，从而加速了俄罗斯气候政策的转向过程。

（一）领导人个人

无论是从俄罗斯宪法还是从俄罗斯政治的实际运行的角度看，俄罗斯总统在俄外交政策制定过程中的地位都是独一无二的。而气候政策作为俄罗斯对外政策的一部分，其最重要的推动力量无疑也来自俄罗斯总统。领导人的观念无疑是影响俄罗斯总统决策的关键要素。

自2012年第三次担任俄罗斯国家总统以来，普京在国际和国内领域的施政理念被称为“普京主义”。俄罗斯政府核心智囊苏尔科夫在

2019年发表的《长久的普京之国》一文中明确提出“普京主义”代表着是百年俄罗斯生存和发展的模式，是今天俄罗斯参与国内和国际治理的根本性观念。① 而构成“普京主义”逻辑内核的关键要素，一是“保守主义”，二是“强国主义”。② 这两者构成了普京总统实施内外政策的最基本观念框架。而气候变化议题也是受这两者的影响，进而塑造了普京总统的气候政策观念。

首先，“保守主义”是普京实施国内治理的主要思想根源。普京的“保守主义”天然带有一定的“反西方”特征，即不承认西方思想和发展道路的“普世性”。因此，面对西方国家，尤其是西欧和美国不断加强推进的气候立法与政策，俄罗斯领导人将其视为具有“歧视性”特征的对外政策，意在扩大西方的经济优势以限制新兴市场国家的发展。③ 出于维护俄罗斯发展环境和地位的考虑，普京总统认为必须加强俄在气候变化领域的行动。这成为普京总统对气候问题越发关注的最重要原因。④

其次，“强国主义”所提出的建立“强大的俄罗斯”的观念也促使普京总统近年来不断加强对气候政策的考量。“强国主义”认为历史进程和地缘政治决定了俄罗斯必须成为国际体系中的核心大国，在国际关系中发挥独一无二的作用。而气候变化带来的问题正成为俄罗

① Владислав Сурков: Долгое государство Путина, https://www.ng.ru/ideas/2019-02-11/5_7503_surkov.html.

② Michael McFaul, “Putin, Putinism, and the Domestic Determinants of Russian Foreign Policy,” *International Security* 45, no. 2 (2019): 95-96.

③ Сергей Караганов, Игорь Макаров, *Поворот к природе: новая экологическая политика России в условиях зеленой трансформации мировой экономики и политики*, Москва, стр. 8.

④ Игорь Яковлев, Людмила Кабир, Светлана Никулина, “Климатическая политика Российской Федерации: международное сотрудничество и национальный подход,” стр. 26.

斯建立“强大国家”的阻碍。根据俄罗斯官方的统计，21 世纪以来俄罗斯平均每 10 年气温上升 0. 47℃，是世界平均气温上升值的 2. 5 倍，根据经济学家的估计，俄罗斯每年因气候变化造成的经济损失可达 4 亿—8 亿美元。而到 2030 年，这一损失甚至可以达到俄罗斯年国内生产总值的 1%—2%。[①] 这一严峻的形势迫使普京总统必须将解决气候问题作为推动俄罗斯发展的重要目标。2020 年 7 月普京签署的《关于 2030 年前俄罗斯联邦国家发展目标》中首次将应对国内气候和环境变化列为俄政府最为重要的方向之一，这正是俄罗斯领导人气候治理观念变化的反映。

因此，我们可以发现气候变化正是通过观念路径，在其传播的过程中与当今俄罗斯领导人个人最为重要的治理理念——“保守主义”和“强国主义”相结合，最终在领导人意志层面实现了体系刺激对国内政治的影响，推动了俄罗斯领导人个人对气候问题的关注以及俄罗斯本土气候政策的出台。

（二）俄罗斯政治精英集团

俄罗斯政治精英集团作为影响俄罗斯气候政策制定与具体实施的重要传导力量，其推动俄罗斯气候政策转向的方式更多的是通过制度路径加以实现的。就中央政治精英集团而言，这一制度路径主要是通过精英换代来实现的。而就地方政治精英而言，这一制度路径则主要是通过议题转化来实现的。

中央政治精英的更新换代是普京总统连任以来最为关注的问题，

---

① Сергей Караганов, Игорь Макаров, *Поворот к природе: новая экологическая политика России в условиях зеленой трансормации мировой экономики и политики*, Москва, стр. 8.

因为这将涉及俄国内治理理念、政治团结乃至未来可能的总统接班人等一系列关键性问题。2016 年以来，为了进一步贯彻“普京主义”的治理理念，同时也为增强俄罗斯政治制度的活力，21 世纪初期与普京一起走上政治舞台的执政精英开始逐渐被更年轻的官员所取代。俄罗斯专家普遍认同此次俄中央政治精英的变化并非是单纯的人事变动，而更接近于一种“代际更替”。[①] 而此次代际更替最突出的特点就是技术型官僚比例的增加。这一集团的出现和扩大是普京政府争取社会支持、调节社会矛盾的重要手段。

在气候变化问题上，以技术型官僚为主体的新一代俄罗斯政治精英更加重视气候变化等新兴议题。俄罗斯第一副总理别洛乌索夫曾提出俄罗斯应该在 3—4 年的时间内改变经济增长模式，采取应对气候变化的措施克服俄罗斯经济增长中的结构性缺陷，寻找新的经济增长点。2021 年 1 月 12 日，俄罗斯副总理阿布拉姆琴科明确提出，俄罗斯远东地区最大的油气生产基地——萨哈林岛将在 2025 年实现碳中和，这将是俄罗斯第一个实现碳中和的联邦主体，之后，俄罗斯政府还计划在加里宁格勒州等其他地区逐渐实现碳中和。[②] 在俄罗斯国内三分之一以上的成年人和近半数的城市居民进入中产阶级范畴的背景下，新一代技术型官僚在环境以及气候变化问题上的积极态度实际上也符合普京政府力图增加政治活力、形成有效纠错机制以避免可能的社会动荡的制度设计初衷。

与中央政治精英不同，地方政治精英对气候政策态度的转变则主

---

① 庞大鹏：《俄罗斯的发展道路：国内政治与国际社会》，社会科学文献出版社，2021，第 106 页。

② Абрамченко: Сахалинсталпилотнымрегиономпроектапоторговлеуглероднымиединицами, 2021-1-12, https://tass.ru/ekonomika/10438877.

要源于地方治理中的议题转化。随着俄罗斯中产阶级登上政治舞台和公民意识的进一步提高，气候和环境问题日益成为影响俄罗斯地方政治运行的重要因素。近年来，俄罗斯地方一级的气候—环境示威活动不断涌现，诸如森林火灾等影响地方经济发展的气候问题也层出不穷。仅2019年一年就在俄罗斯的阿尔汉格尔斯克以及叶卡捷琳堡等多个城市爆发了大规模针对环境问题的民众抗议活动。[①] 2020年的诺里尔斯克热电厂柴油泄漏事故更是迫使普京总统宣布俄罗斯进入紧急状态。尤其值得注意的是，气候问题在俄罗斯具有较大影响的地区一般都是远离莫斯科的偏远边疆区域。受此影响，这些地区所具有的“离心性”往往可以使地方政治精英通过批评莫斯科的环境政策而获得民众在议会选举时的支持。这一点已经在2018年俄罗斯地区选举中获得了验证，一批对莫斯科治理方式持批评态度的地方政治精英通过选举上台。地区环境与气候问题的重要性改变了地方政治精英的政策偏好，使气候和环境问题已经开始成为俄罗斯各级地方政府与议会中的热点议题。[②] 而议题的变化则促使地方政治精英对气候政策的敏感度快速升高。

（三）俄罗斯能源工业集团

与领导人个人和政治精英集团不同，推动俄罗斯能源工业集团影响俄罗斯气候政策转向的关键路径在于收益，即传统意义上的理性选择。其基本逻辑在于，随着世界各主要能源消费地区纷纷出台应对气

① Center for Strategic and International Studies, “Climate Change Will Reshape Russia,” January 13, 2021, https://www.csis.org/analysis/climate-change-will-reshape-russia.

② Сергей Караганов, Игорь Макаров, *Поворот к природе: новая экологическая политика России в условиях зеленой трансормации мировой экономики и политики*, Москва, стр. 41.

候变化和使用绿色能源的发展战略与规划，俄罗斯能源工业的传统巨头——以俄罗斯石油公司和俄罗斯天然气工业公司为代表的大型国有能源公司正面临着越来越严峻的能源出口成本上升和能源市场加速转型的问题。

首先是俄罗斯能源出口的传统重点地区——欧洲市场。欧盟作为应对气候变化最积极的行动者之一，于 2019 年正式出台了“欧洲绿色协议”，提出到 2050 年实现温室气体零排放。并宣布未来要投入 1 万亿欧元到可再生能源、电力运输、绿色建筑等领域。“欧洲绿色协议”提出欧盟将在 2021 年建立碳边界调整机制，设立碳关税，这将全面提高俄罗斯的能源出口成本。随着 2022 年乌克兰危机的爆发，俄罗斯在欧洲能源出口市场的份额急剧萎缩，对能源转型的需求也日益紧迫，这促使俄罗斯的能源企业开始积极寻求能源转型和新能源开发。石化企业西布尔公司第一个宣布将实施可持续发展战略，采取措施减少二氧化碳排放，并对化学加工厂进行改造。俄罗斯石油公司也采取措施削减自身开采作业造成的温室气体排放，提高伴生气的利用率并减少原料燃烧量。

其次，亚太地区国家作为俄罗斯化石能源的新兴市场，也在加快气候政策的制定与实施。中国作为俄罗斯在亚洲地区的最重要能源出口市场也宣布将在 2060 年实现碳中和，这将进一步加剧俄罗斯能源工业集团在出口方面的压力。此外，日本和韩国也提出了应对气候变化的发展目标。为了应对新兴市场的变化，俄罗斯能源企业正在通过加快氢能和核能的研发与出口来应对亚太国家对日益增长的清洁能源的需求。2021 年 5 月，在田湾核电站和徐大堡核电站的开工仪式上，普京总统就强调俄罗斯与中国的能源合作将助力应对全球气候变化，实现碳中和。

正是世界主要能源市场越来越严格的能源政策造成的俄能源企业商业运行成本上升和收益下降，才最终推动俄罗斯能源工业集团逐渐改变了其面对气候问题的消极态度，并通过其强大的游说能力推动俄罗斯政府出台积极的气候政策，一方面维护俄能源企业的收入，另一方面保护俄罗斯在全球能源市场的优势地位。

由此可见，不同于之前对俄罗斯气候政策研究简单将俄罗斯政府视为一个利益完全一致的单一行为体，或完全将俄罗斯气候政策变化归因于领导人个人的研究路径，本文认为近年来的俄罗斯气候政策变化是多个变量共同作用的结果。其中国际气候变化议题重要性的不断上升是自变量，而真正塑造俄罗斯气候政策转向与实施的则是作为中介变量的俄罗斯国内政治。而在这其中，领导人个人、政治精英集团以及能源工业集团则是最重要的影响要素。随着乌克兰危机的不断发展，俄罗斯国内政治的演变也将加速，这在未来也将对俄罗斯的气候政策产生深远影响。

四、结论

俄罗斯作为当今国际体系中无可争议的大国，是塑造国际关系和国际治理走向的支柱性力量。而作为能源输出大国和温室气体排放大国，其气候变化政策也将对国际气候变化合作产生极为重要的影响。尤其是 2022 年乌克兰危机爆发以来，世界能源格局进入了一个加速转型的时期。在这一时期内，俄罗斯的气候变化政策无疑将对世界能源市场的发展造成重要影响。

本文的研究表明，气候政策是一项具有强烈国内政治属性的对外政策。这一特点决定了气候政策的形成过程，一方面受到体系刺激的影响，另一方面又是以国内政治力量运行为支撑的。在分析国内政治对气候政策的影响时，笔者具体归纳了影响俄罗斯气候政策的三个关键性国内政治变量：领导人个人、政治精英集团以及能源工业集团，同时也分析了三个变量塑造俄罗斯气候政策转向的路径。

就学理意义而言，本文提出了思考大国气候政策以及国际气候变化合作的国内政治路径。长期以来，人们对气候政策以及国际气候变化合作的研究主要集中于国际秩序、国际机制以及国家利益等方向。笔者认为这方面的研究仍然非常重要，但在路径选择上将国家气候政策的决策过程视为黑箱模式而较少探索结构与能动性问题。事实证明，国内政治对大国的气候政策有着极为重要的影响，进而也会影响国际气候变化合作的开展。因此，本文在研究时将视角转移到国内政治变量上，提出国内政治的运行特点是塑造大国气候政策特点与偏好的关键中介变量。同时，我们也应当关注国内政治变量影响气候政策形成的路径差异，而不应当将国内政治各要素视为一个利益完全一致、观念完全相同的统一体。在俄罗斯的案例中，领导人个人、政治精英集团和能源工业集团对气候政策有着不同的偏好，而这也塑造了三者影响路径的不同。通过对国内政治各要素影响路径的分析，我们可以更好地厘清大国气候政策的形成、演变与转化的过程，进而尝试在大国气候变化合作这一研究方向上打破国内政治研究与国际关系研究的壁垒。

就政策意义而言，本文除了提出分析俄罗斯气候政策的国内政治视角，还为思考俄罗斯相关政策的发展过程与未来走向提供了新的思路。实际上，俄罗斯作为国际气候变化合作的重要参与方，其相关政策的走向不仅对国际气候治理有着重要的影响，也将对俄罗斯的能源出口、社会经济发展模式乃至未来大国的双边及多边合作产生重要影响。随着拜登政府的上台，美国正力图重新掌握全球气候治理的主导权。而中俄作为战略协作伙伴，气候变化和新能源合作也将在未来发挥重要的作用。中俄在能源外交、区域合作乃至北极建设等方面的合作都与俄罗斯的气候政策息息相关。对俄罗斯国内政治影响下气候政策变化的研究将帮助我们更好地理解俄罗斯气候政策演化的内在逻辑，同时探究其国内政治的发展走向。

中韩建交30周年成果与挑战：基于韩国的视角

［韩］郑载兴*

摘　要　回顾中韩建交的30年历史，两国在政治、经济、社会等领域发展迅速，并从睦邻友好合作发展成为战略合作伙伴，取得了丰硕的成果。中韩两国在外交安保、朝核问题等领域不断深化合作。然而，韩国尹锡悦政府执政以来，中韩关系面临新的挑战。中美博弈的加剧叠加乌克兰危机带来的外部不确定因素和中韩两国各自的国内因素，使中韩在韩美关系、尖端技术等方面存在分歧。对此，两国需要推进高级别战略对话定期化、制度化，努力寻找符合中韩战略合作伙伴关系（2014年）的共同合作最大公约数，制定慎重的政策并保持战略灵活性。

关键词　中韩关系；中韩关系正常化；韩国对华政策；美韩同盟

---

* 郑载兴，韩国世宗研究所中国研究中心主任、研究员。本文以作者著作《尹锡悦政府对外政策的课题：韩中建交30周年的评价与新挑战课题——以韩国视角为中心》，世宗研究所出版社，2022，为基础并对部分内容修改补充而得。

2022年是中韩建交30周年，两国于1992年正式建立外交关系后，便开创了政治、外交关系的新格局。1992年8月24日的中韩建交，是美苏冷战结束后顺应全球化潮流进程中具有里程碑意义的历史事件，为两国正式结束过去的敌对关系、努力实现新发展和地区和平提供了契机。卢泰愚政府积极推行的北方政策和中国推行的睦邻外交政策也促成了中韩建交。

1992年的中韩建交极大地动摇了当时的朝鲜半岛政治格局。尽管中韩建交后经历了各种问题，但两国在经济和社会领域的各种交流迅速发展并得以扩大。

一、中韩建交历史回顾

30年来，中韩两国在政治、经济、社会等领域都实现了迅猛发展，取得了丰硕成果。两国关系从睦邻友好合作（1992—1998）到合作伙伴关系（1998—2003），再到全面合作伙伴关系（2003—2008），最后到战略合作伙伴关系（2008年至今），发展十分迅速。但是，与经济社会领域相比，外交安保领域的合作虽然较过去有所加强，但在合作水平和制度化方面仍然存在不足。[①]

睦邻友好合作时期，中国努力保持与韩国和朝鲜关系的稳定与平衡；合作伙伴关系时期，中韩关系以经济合作为中心取得了迅速发展，形成了两国关系的基本框架；全面合作伙伴关系时期，中韩两国将合作领域扩大到了军事安保领域，谋求区域内的紧密合作；战略合

① 李成日：《中国对朝鲜半岛政策与新时代中韩关系的发展》，《当代韩国》2018年第1期。

作伙伴关系时期，两国将政治、外交、经济、贸易，包括朝核问题等地区问题的解决在内的各领域的合作都上升到了战略高度。

中韩两国立足“求同存异”原则，追求实用主义的国家利益。事实上，中韩两国有着不同的政治体制、理念和价值观，在此情况下，中韩通过经济合作和实用主义接触，积极探索两国关系的改善与发展路径。尤其在20世纪90年代中后期，中韩两国都摆脱了政治理念和体制的束缚，加之中韩两国地理位置相近、地缘政治特殊、文化相通、经济互补等特点，两国关系取得了令人瞩目的成就。后冷战时代，双方对半岛和平与共同繁荣的共识以及共同的战略利益成为中韩关系发展的重要动因。与此同时，中韩两国在经济、社会、文化领域的人员交流规模也前所未有地扩大。建交初期，两国间人员交流规模约为13万人，2018年扩大到约900万人，增加了约70倍。中国留学生在韩外国留学生中占比最大，往返于两国的航班也达到了每周1240次。两国间经济、人员交流的活跃也催生了“韩流”“汉热”等现象。[①] 此外，2014年7月习近平主席访韩和2017年12月文在寅总统访华都进一步深化了中韩战略合作伙伴关系，为两国加强战略沟通、共同应对地区局势提供了契机。尤其在经贸领域，双方一致同意通过扩大人才交流等方式进一步发展两国关系，有力促进了中韩经济的高质量发展。为迎接中韩建交30周年，中韩关系未来发展委员会于2021年成立，并于2022年8月24日向两国政府提交了共同报告。

尽管新上台的尹锡悦政府很有可能继续扩大中韩两国在过去30年积累的成果，但同时，由于区域内中美博弈加剧，同时受乌克兰危机

① 주중국 대한미국 대사관, “우리나라와의 관계”, 2022. 2. 12, https://www.mofa.go.kr/www/nation/m_3458/view.do?seq=4

影响，尹锡悦政府也有可能会尝试新的对华政策。尹锡悦政府重视韩美同盟，强调与文在寅政府的差异性以及韩美日三国合作的必要性，因此很有可能选择与文在寅政府不同的战略路线来发展中韩关系。

由于此次总统选举是韩国有史以来第一候选人、第二候选人得票率差距最小的一次，比起通过加强韩美同盟大幅调整对华政策，尹锡悦政府可能会采取渐进的、阶段性的调整，设定并推进新的对华政策方向。因此，在中韩建交 30 周年之际，本文回顾过去 30 年中韩关系的整体成果与挑战，并探讨在乌克兰危机后中美博弈加剧的背景下，尹锡悦政府对华政策的走向。

二、中韩关系 30 年：成果与挑战

30 年来，中韩两国在政治外交领域通过高层互访等增进了理解与互信，在军事领域开展了国防战略对话和安保合作，在经贸领域互为重要的贸易伙伴国、多措并举深化合作，在文化交流领域两国人员交往密切，在疫情期间两国积极进行防疫合作，取得了丰硕成果。当然，在两国关系的飞速发展进程中也不可避免地存在摩擦和矛盾，韩国“安美经中”的策略面临调整，两国国民间的情绪冲突也使中韩关系面临挑战；“萨德”的部署、朝韩关系恶化和朝核问题等也为两国关系发展带来新的挑战。

（一）主要成果

中韩关系的飞跃式发展不仅基于两国悠久的历史文化传统和相似性，还得益于半岛的地缘政治重要性和经济互补性。建交初期以经济

合作为中心的两国关系逐渐向人员、社会交流领域不断扩展，从建交当时的“睦邻友好合作关系”，先后发展为“合作伙伴关系”和“全面合作伙伴关系”，并于2008年上升到了“战略合作伙伴关系”。虽然两国曾因“萨德”部署问题产生过巨大矛盾，但从整体来看，中韩关系在过去30年间取得了迅速发展。①

首先，中韩建交30年以来，两国在政治外交领域通过最高领导人的相互访问加强彼此间的相互理解与信任，努力使两国关系尽快恢复正常。中韩两国在过去30年里仅首脑会谈就举行了46次，如果再加上核安全峰会、亚太经合组织会议、二十国集团峰会、中日韩领导人会议等国际多边会议中的38次首脑间交流，中韩两国一共进行过84次首脑间会谈。这样的中韩首脑会谈为预防沟通不善带来的各种风险和加强两国间的战略合作提供了重要条件。此外，为落实首脑会谈中提出的各种后续措施，两国还进行了130多次的外长会谈和实务层面的高层沟通。② 尤其在为落实中韩首脑会谈后续措施而进行的对话中，包括韩国国家安保室和中国共产党中央外事工作委员会办公室之间的对话、中韩外交部门高级别战略对话、中韩人文交流共同委员会、中韩经济共同委员会、中韩海域划界谈判等，中韩间对话正在以1.5轨对话等多种方式不断推进。

---

① 신종호，2017.『한중수교 25 주년사：북중관계』，서울：성균관대학교출판부，320-345

② 作者根据韩国官方公布和媒体报道统计。

表 1　中韩建交 30 年两国关系变化

关系	时间（年）	背景		两国政府
		韩国	中国	
睦邻友好合作关系	1992	北方政策、经济合作	摆脱国际孤立、恢复改革开放	卢泰愚—江泽民
合作伙伴关系	1998	朝核问题、经济合作	朝核问题、经济合作、新安全观	金大中—江泽民
全面合作伙伴关系	2003	朝核问题、经济合作、历史问题	朝核问题、经济合作	卢武铉—胡锦涛
战略合作伙伴关系	2008	加强韩美同盟、朝核问题、经济合作	弱化韩美同盟、经济合作、和平崛起	李明博—胡锦涛
战略合作伙伴关系的具体落实	2013	朝核问题、经济合作	朝核问题、经济合作、周边外交	朴槿惠—习近平
实质性战略合作伙伴关系	2017	新北方政策、半岛和平、经济合作	中美博弈、“萨德”问题、“一带一路”	文在寅—习近平

资料来源：作者根据韩国官方公布和媒体报道统计。

其次，在军事领域，两国以军队高层人士的交流为开端，举行了中韩国防政策实务会议和韩国国防部次官与中国人民解放军副总参谋长之间的国防战略对话，并从 2014 年开始，按照韩国的提议进行了韩国归还朝鲜战争期间阵亡的中国人民志愿军战士遗骸的工作。截至 2021 年 10 月，共有 829 具遗骸被归还至中国，中韩关系取得巨大进展。此外，中韩两国国防部还签署《关于两国相邻海、空军间直通电话设置及使用的谅解备忘录》等，在军事安保领域构筑了部分互信与沟通机制。此外，中韩两国还启动了各军种定期交流体制，进行了数次军舰和飞机的相互访问。国防部长热线与海、空军间直通电话的设置等也在中韩军事安保交流领域发挥了积极作用。中韩两国通过首脑间的相互访问，努力谋求两国从经贸领域向军事安保领域的合作拓展，反映并证明了中韩两国对对方的重要战略价值。

再次，在经贸领域，截至2021年底，两国贸易规模达到了3015亿美元，与建交当时的64亿美元相比增加了约47倍。韩国对华贸易比重从1992年的4.0%增加到了2021年底的23.9%。如果将经由中国香港和澳门进入大陆的各种韩国商品也统计在内，那么中国对韩国的贸易逆差规模则达到了约646亿美元（韩国为242亿美元逆差），韩国在与中国的贸易中取得了相当大的顺差。中国已经成为韩国最大的出口对象国和进口对象国，中韩贸易规模高于韩美、韩日贸易规模的总和（20.1%）。事实上，韩国是中国第二大进口对象国和第四大出口对象国，在中国所有贸易对象中排名第三（除去中国香港和中国台湾）。此外，韩国对华直接投资额从1992年的2亿美元增加到了2021年9月的789亿美元，中国对韩投资额也增加到了177亿美元，两国间的投资合作进入成熟阶段，并且迎来投资结构性调整。[①]

中韩两国早在2005年就对《中韩自由贸易协定》的推进进行了讨论。2015年12月20日《中韩自由贸易协定》正式生效，为两国相互贸易和投资提供了更加便利的环境，具体落实了中韩战略合作伙伴关系。2016年起，两国在商品领域实现了关税下调，目前两国在服务、投资、金融等各领域正在进行扩大相互市场开放的第二阶段讨

① 作者根据韩国官方公布和媒体报道统计。

论，为中韩贸易和扩大投资制定了多种相应制度和措施。

表 2　中韩建交 30 年贸易变化趋势

单位：亿美元，%

年份	贸易额	对华出口	自华进口	贸易收支	贸易增长率
1992	64	27	37	-11	43.6
1995	166	92	74	18	41.9
2000	313	185	128	57	38.6
2005	1006	619	386	233	26.7
2010	1884	1168	716	453	33.7
2015	2274	1371	903	469	-3.4
2016	2114	1244	870	375	-7.0
2017	2400	1 421	979	443	13.5
2018	2686	1621	1065	556	11.9
2019	2434	1362	1072	289	-9.4
2020	2415	1326	1089	237	-0.8
2021	3015	1629	1386	243	19.9

资料来源：韩国贸易协会：《韩国概览：与 FTA 签署国的进出口》，https://stat.kita.net/stat/kts/fta/FtaCtrImpExpList. screen#。

此外，2015 年《中韩自由贸易协定》的签署成为中韩经济合作进一步深化的契机。两国建交后，以加工贸易为中心的中韩贸易投资方式向互补不断发展，2015 年 12 月《中韩自由贸易协定》的正式生效为两国在相互贸易、投资领域的合作奠定了制度基础。在 2015 年 9 月 2 日举行的中韩首脑会谈中，习近平主席就中国主导设立的亚洲基础设施投资银行（以下简称亚投行）和《中韩自由贸易协定》，表达了对中韩关系发展可能性的极大信心。韩国加入亚投行的决定对其他国家的加入产生了直接影响。[1]

最后，在社会文化和人员交流领域，两国在人员交流上达到了平衡。新冠肺炎疫情暴发以前，长期居住在中国的韩国人达到了约 50 万人，北京、上海、青岛等主要城市形成了“韩国城”，居住在韩国的中国人也达到了约 84 万人（其中包括 61 万名中国朝鲜族），两国间形成了一日生活圈。虽然受新冠肺炎疫情影响，在华韩国人减少到了约 25 万，但仍然有相当数量的韩国人居住在中国。此外，作为中韩交流桥梁的留学生人数也大幅增加，截至 2019 年末，在中韩两国留学的韩国和中国学生也分别达到了 7 万名和 5 万名，占全体外国留学生人数（16 万名）的 43%。[2] 中国年轻人对韩流（K-POP）、韩综、韩剧的热烈追捧催生了许多中韩合作电影电视剧，2014 年《来自星星的你》在中国的人气更是延续了韩流热潮。中韩建交 30 周年之际，中韩两国宣布 2021—2022 年是“中韩文化交流年”，开展了 160 多项文化活动。以副部长级为代表的中韩人文交流共同委员会以及中韩人文交流促进委员会也在正常运行和积极活动。

表 3　中韩建交 30 年人员交流变化趋势

单位：万名

年份	2011	2012	2013	2014	2015	2016	2017	2018	2019	2020
访华韩国人	418.5	407.0	396.9	418.2	444.4	476.2	386.5	419.4	434.7	44*
访韩中国人	222.0	283.7	432.7	612.7	598.4	806.8	416.9	479.0	602.4	74

① 신종호, 「한국학자의 시각: 한국 신정부의 대중 정책추진 환경과 정책방향」, 『성균차이나 브리프』, 2022 년

② 作者根据韩国官方公布和媒体报道统计。

续表

年份	2011	2012	2013	2014	2015	2016	2017	2018	2019	2020
合计	640.5	690.7	829.6	1030.9	1042.8	1280.0	802.4	898.4	1037.1	118

资料来源：作者根据韩国法务部、中国国家统计局、中国国家移民管理局公布数据整理。

* 2020年访华韩国人人数为推测值。

2017年5月文在寅政府上台后，在中韩关系上以维持友好稳定的两国关系为基础，为战略合作伙伴关系的落实和实质性进展做出了不懈努力。事实上，在文在寅政府上台之际，“萨德”问题扩大为全方位的外交矛盾，但中韩两国就“不再部署新的‘萨德’反导系统、不加入美国导弹防御系统、不谋求韩美日军事同盟”这三个中国担心的问题达成了共识，在一定程度上减少了外交安保方面的矛盾。2017年8月，两国领导人在纪念中韩建交25周年时回顾了中韩关系的实质性进展；同年10月，在中国共产党第十九次全国代表大会结束后，两国政府同时发表了“关于改善双边关系的沟通结果”，并在发表该结果之后，就尽快恢复中韩间所有领域的交流与合作达成了协议。2019年12月，中国外交部长王毅时隔4年再次访问韩国。访韩的王毅外交部长强调，为实现与中韩3000亿美元的贸易规模相称的新中韩关系的发展和飞跃，中韩两国在经济社会交流领域乃至外交安保领域都要加强战略沟通，提出了构建更高水平的政治外交互信，实现更高水平的双边经济合作，实现更高水平的多边合作等新中韩关系的发展方向。①

2020年初新冠肺炎疫情肆虐中国时，以韩国政府为主，许多韩国企业和民间团体发出了“中国加油，武汉加油”的口号，向中国紧急

① 정재홍,「왕이외교부장 방한의미와 새로운 한중관계모색」,『세종논평』, 2019 년

发动了捐款，并运送了物资。当2020年中期韩国新冠肺炎确诊人数激增时，中国也提出了“道不远人，人无异国”的口号，向韩国送去了各种口罩和医疗物资。中韩两国在2020年3月就已经开启了应对新冠肺炎疫情的联防联控合作机制，一致同意加强持续的防疫合作，并就东北亚防疫合作体制达成了共识。如果中韩两国能够齐心协力尽快结束新冠肺炎疫情，再次实现两国间人员的正常交流，中韩关系就将抵达新的里程碑。

2020年8月，中国共产党政治局委员杨洁篪访问韩国，就新冠肺炎疫情时代下加强中韩间政治外交互信和扩大经济交流等议题与韩方进行了讨论，双方一致同意扩大中韩快捷通道适用范围、增加航班以及提高签证发放速度等。此前中韩间的合作以经贸、社会交流领域为主，新冠肺炎疫情暴发后，两国合作范围开始扩大到保健、医疗、传染病、气候变化等多个领域。中韩两国在疫情防控合作，半岛问题与国际局势合作，对接新北方新南方政策和“一带一路”构想，共同开拓第三国市场，加快推进《中韩自由贸易协定》第二阶段谈判及区域全面经济伙伴关系协定的年内签署，扩大人文交流，区域共同防疫合作，中朝韩三国经济合作等方面制订了整体合作方案，形成了初步的合作框架。①

（二）主要问题

过去30年里，中韩关系在飞速发展、交流的广度和深度不断扩大与深化的过程中，也出现了国家利益方面的矛盾和对立。“萨德”问

① 정재흥,「양제츠방한의 의미와 전략적 함의」,『세종논평』, 2020 년

题，尤其是随着中美博弈加剧，美国作为第三方对中韩关系有着直接影响，韩国在中韩和韩美关系上越来越难以找到平衡点。事实上，在中韩关系飞速发展的过程中，韩国一直采取的是“安美经中”的策略，即安保依靠美国、经济依靠中国，且“安美”优先于“经中”。但如今“安美经中”的策略反而成为韩国解决朝核问题的结构性矛盾，中美博弈加剧引发了韩国国内普遍的危机感。在任何两个国家深化经济合作过程中，都可能产生经济矛盾和摩擦，但经过协商彼此间都能达成利益均衡点。然而，比经济矛盾和摩擦更为严重的问题是国民情绪差异所导致的不理解和猜忌。中韩关系虽然升级为战略合作伙伴关系，但随着朝核威胁的日益增大，中韩关系正面临着各种挑战。因“萨德”部署引发的韩国国内政治矛盾、搭美国便车的战略负担和中韩关系的恶化导致地缘政治风险加大，中国实行“经济报复措施”导致韩国经济遭受了负面影响，朝韩关系不断恶化，中朝韩三方经济合作受到制约，地缘政治和地缘经济层面的风险不断出现。今后，如果朝鲜为应对制裁继续进行核试验，发射洲际导弹，那么美国就会为确保对朝遏制力，在韩国部署尖端战略资产（尖端雷达、导弹等），在这种情况下，中韩关系很有可能再次恶化。

表 4　中韩在外交安保认识上的主要差异

主要事件	韩国认识	中国认识
半岛统一问题	需要认识具体事项的差异 需要有应对朝鲜突发事态的准备和沟通 需要持续沟通和对话	支持自主和平统一 相比于统一，更希望均衡稳定 强调朝鲜政权的稳定
驻韩美军问题	《韩美共同防御条约》事项 强调驻韩美军对半岛稳定的贡献 半岛统一后驻韩美军保持地区安保均衡	坚决反对驻韩美军对中国的包围 强调半岛和平协定与驻韩美军的联系 关注驻韩美军对华动向

续表

主要事件	韩国认识	中国认识
朝核问题	半岛完全无核化 强调朝鲜先采取无核化措施 需要无核化的切实措施和行动	绝不允许半岛存在战争与核武器 支持通过对话与协商和平解决，反对单方面的对朝制裁 主张通过双暂停和双轨并行解决朝核问题
防空识别区问题	与韩国防空识别区存在重叠，包括苏岩礁（韩方称离於岛）管辖权，不予承认 中国东海、南海海域发生意外冲撞事故的可能性增大，区域内安保恶化	在中国东海、南海海域采取施压措施和武力行动 应对韩美或韩美日三国主导的对华包围战略攻势 确保西太平洋海洋出口，加强对中国东海、南海的管辖
“萨德”部署问题	遏制朝核发展，采取导弹防御手段 “萨德”是防御用军事武器 中国在军事方面存在过度解析，侵犯韩国主权 X 波段雷达无法监视中国	半岛加速军备竞赛，朝鲜大力促进核武器和导弹研发 半岛存在新冷战可能 美国采取对华军事包围战略 韩国应遵守“三不”原则，反对追加部署

资料来源：作者根据权威媒体公开报道整理。

过去 30 年里，中韩两国致力于减少外交安保方面的矛盾，努力发展经济合作关系，但随着中国迅速崛起，中美博弈日益激烈，中国对“萨德”部署、战略资产部署等强化韩美同盟的行为深表忧虑。尤其是在中美博弈加剧，“印太战略”、“四边机制”、全球供应链重组等行动全面展开之际，朝核和“萨德”部署等问题的凸显也开始对中韩关系产生直接的负面影响。中韩两国所处的国内国际经济安保环境也在发生急剧变化，中韩对彼此经济利益和机会的战略共识消失，中美围绕区域主导权不断开展战略竞争。中国希望韩国不过多介入其中，不支持任何一方，保持中立立场，而韩国则希望中国在朝核问题的解决过程中发挥更加积极和具有建设性的作用。中韩关系的矛盾和对立随着时间的推移，逐渐从软性问题（经贸、渔业纷争等）延伸到硬性问题（朝核、韩美同盟、“萨德”部署等），两国需要努力加强制度化建设来推进实质性合作。

朝核问题同样也是中美关系和中韩关系复杂交错的原因之一。中朝关系一直强调传统友好与相互联合，对韩美主导的半岛影响力扩大起到了一定的抑制作用。在复杂的战略背景下，朝鲜强调半岛无核化和区域和平稳定，对影响朝鲜体制稳定的强力制裁表明了反对立场。中国也不再支持朝鲜无法接受的美国式朝核问题解决方案，即“先弃核后补偿”的一揽子解决方式，而是以阶段性接近为基础，根据“行动对行动”的原则，强调实行双暂停（朝鲜暂停核导活动，美韩暂停大规模军演）和双轨并行（并行推进实现半岛无核化和建立半岛和平机制两条轨道）的朝核问题解决方案。

在推进半岛无核化的合作上，中国认为韩国没有尽最大努力发展中韩关系而是加强韩美同盟，通过部署“萨德”系统等行为刺激中国，并过分要求中国参与对朝制裁。如果韩国不缩小这种根本性的认识差异，而只是一味强调中国的对朝责任论，那么中韩间的矛盾和安保困境很有可能加剧。为此，韩国需要在与中国保持战略信任的同时，缓和中美之间的对立与矛盾，探索扩大区域内多边主义机制。[①]

虽然文在寅政府就“萨德”问题提出了“三不”政策，与中国达成共识，使中韩关系在一定程度上得到了改善，但中韩关系在广度上不断发展的同时，在深度上存在着竞争性和复杂性，并且受美国和朝

① 조영남, 2013.『중국의 꿈: 시진핑의 리더십과 중국의 미래』, 서울: 민음사, 6-10

鲜等因素的影响，中韩两国在半岛问题上面临着外交、安保、经济等方面的课题。[①]

两国领导人之间的沟通与交流仍然不足。2019年12月23日文在寅总统访问中国，出席了第八次中日韩领导人会议，会议期间，文在寅总统与习近平主席共举行了6次首脑会谈，但其中5次都是多边首脑会谈中的见面，真正的双边首脑会谈只有1次。并且中韩两国在建交后开展首脑外交，两国领导人一共进行过20次相互访问，但2014年习近平主席访韩后，中国最高领导人至今未能实现对韩国的再次访问，这表明两国关系在实质性进展和制度化方面仍然存在不足。

如上所述，虽然两国领导层希望通过持续合作推进半岛无核化进程，但两国在具体方案上仍然存在立场分歧。2020年5月韩美首脑会谈把“四边机制”、台湾问题、中国南海等问题列入共同宣言后，中国外交部立即对韩美共同宣言的内容表达了忧虑和不满，公开反对韩美共同宣言中提到的台湾海峡和中国南海相关内容。首先，中国强调台湾问题纯粹是中国的内政，中国绝不允许任何外部势力的干涉，并警告区域内国家在台湾问题上要谨言慎行，不要做出越界的行为。其次，在南海问题上，中国则表示，关于南海问题，各国依据国际法在南海享有航行与飞越自由，并不存在任何问题。两国关系改善所面临的困难和进行持续沟通的重要性更加凸显。

---

① 在2017年9月3日朝鲜进行第六次核试验4天后，文在寅政府决定临时部署“萨德”发射车，并在环境影响评估后决定最终是否部署“萨德”系统。而后韩国提出“三不”政策，即不再部署新的“萨德”反导系统，不加入美国导弹防御系统，不谋求韩美日军事同盟。

三、尹锡悦政府的对华政策

尹锡悦政府上台后，基于复杂的国际局势和半岛局势，在中韩建交30周年之际调整对华政策。在外交安保层面，尹锡悦政府探索实现以相互尊重和平等为基础的中韩关系，并结合变动中的中美博弈灵活调整。在韩美同盟的框架下，吸取“萨德”部署的历史教训，设法破解半岛安全困境。尹锡悦政府的对华主要议题涵盖政经分离、在变动的秩序中寻求平衡，以及扩大多领域深度合作等，继续寻求共同利益最大化，切实灵活制定政策，谋求半岛的稳定与繁荣。

（一）对华政策出台背景

此前，韩国历届政府在对外政策的制定上以变化的国际局势和朝鲜半岛为中心，在综合反映国内国际因素（朝韩关系、周边国家关系、国内政治等）后制定新的对外政策。尹锡悦政府也将考虑急剧变化的国际局势和半岛局势，实行与前任政府不同的半岛政策并在对外政策的基础上推行对华政策。尤其是在中韩迎来建交30周年之际，乌克兰危机导致国际局势急剧变化，中美博弈加剧，朝韩、朝美关系恶化，朝核导弹实力增强等情况接连出现，韩国在外交安保领域面临挑战，国际环境不容乐观。

最近受中美博弈影响，地区局势的不稳定性增加，这很可能将对尹锡悦政府的对华政策产生负面影响，制约中韩间的合作。中美博弈扩大到了经贸、未来尖端技术、理念和体制等领域且程度日益加剧，这对韩国的对华政策将产生直接影响。

随着国际局势的不断变化，美国推进新的对华强硬政策，尹锡悦政府对华政策方向的探索设定困难重重。尹锡悦政府在对华政策上表示，将实现符合国际规范与规则的、以相互平等和尊重为基础的新中韩合作时代。其构想是，探索以相互尊重和平等为基础的合理均衡的中韩关系，而非以中国等强国为中心的等级国家关系，基于国际局势的新动向，韩国需要推进具有战略性、以国家利益为中心的对华政策。[①] 尤其是随着韩国正式被联合国认定为发达国家，韩国在自由、民主、人权等“普世价值”和责任方面就需要发挥更加重要的作用。在这种情况下，尹锡悦政府计划以“基于自由、民主、市场经济、法治、人权等普世价值和国际规范的可预测的对外政策”为基础，制定新的对华政策。

此外，也不能完全排除中韩间发生摩擦和分歧的可能性。这是因为韩国在中韩两国的“相互尊重”中，相较于“尊重”，更重视“相互”的重要性，因此，如果中国尊重韩国，那么韩国也应尊重中国的主要利益和重大关切。[②] 但由于美国主导的北约东进政策和“印太战略”的扩大以及“四边机制”、美英澳三边安全伙伴关系（AUKUS）的推进等，中俄也将推进更加坚固的战略安保合作，尹锡悦政府在推进新对华政策时不得不考虑这些国际局势的变化和调整。

---

① 2022年5月4日，韩联社，中国政府朝鲜半岛事务特别代表刘晓明访问韩国，就朝鲜发射弹道导弹表达了“支持半岛无核化，应以和平手段解决问题”的基本立场，并强调“第一是实现半岛无核化，第二是维护半岛和平与稳定，第三是通过对话协商解决问题”。参见이정진，“류샤오밍，北미사일묻자 ‘비핵화지지… 평화수단으로해결해야’ ”，2022. 5.4，https://www.yna.co.kr/view/AKR20220504103151504?input=1195m 。

② 此前，中国就“萨德”问题一贯主张，中国尊重韩国正当的安保忧虑，但韩国也应该尊重中国的战略安保利益，“萨德”系统的部署超过了韩国的安保需求，严重损害了中国的战略安保利益。

（二）对华政策走向

2022 年 3 月 9 日，尹锡悦以 24 万票左右的微弱优势战胜了李在明，当选为第 20 届总统。尹锡悦政府表示，将以“堂堂正正的外交和坚实的安保”为基础，加强韩美同盟和相互尊重的中韩关系。在大选期间，尹锡悦作为候选人举行国内外记者招待会，强调将以“基于民主主义和人权等普世价值和国际规范、国际法的可预测的国际法治”为基调开展外交安保政策。预计新外交安保政策将不同于文在寅政府推进的半岛无核化与半岛和平进程及中美均衡外交政策。[①]

在 3 月 10 日针对国民发表的讲话中，尹锡悦总统首先强调了对韩美同盟的重建和全面战略同盟的推进，表明将坚决应对朝鲜的军事威胁和挑衅，构建面向未来的韩日关系，同时提出“以相互尊重与合作为基础，推进堂堂正正的对华外交”这一新对华政策。新上任的韩国外交部长朴振也表示，中国是韩国最大的贸易伙伴国，也是解决朝核问题的重要利害当事国，因此将推进“以相互尊重与合作、国家利益与原则为基础的对华外交”。由此看来，尹锡悦政府今后在推进对华政策方面，将在国家利益和原则、主权等问题上保持坚定的原则性立场。[②]

新上台的尹锡悦政府首先与拜登总统举行了首脑会谈，宣布加强韩美同盟，扩大全面战略同盟，并加入了“印太经济框架”（IPEF）。尤其是新出台的“印太经济框架”以遏制中国扩大经济影响力、牵制

---

① 유신모，“윤곽 드러낸 윤석열 외교안보 정책기조”，2021. 11. 15，https://www.khan.co.kr/politics/defense-diplomacy/article/202111151721001

② 김효정，“대중외교，아쉬운부분있었다…주권・정체성엔단호해야”，2022. 4. 30，https://www.yna.co.kr/view/AKR20220430022451504?input=1195m

中国主导的《区域全面经济伙伴关系协定》为目的，预计正式讨论供应链重组、脱碳以及基础设施建设、防腐败、数字经济等课题。同时，为解决朝鲜核导问题，预计韩国在加强韩美同盟之后，还将考虑推进美日韩三国安保合作，并加强与北约的联合。①

如果“萨德”部署恢复正常，朝鲜进行第七次核试验或发射洲际导弹，那么在乌克兰危机、中美博弈下新区域秩序剧变的过程中，中韩关系可能也将面临严重的挑战和矛盾。② 中国驻韩国大使邢海明也就“萨德”问题表现出了强烈不满，称“萨德”这一词已经成为中韩关系的禁忌语，强调中韩不应重蹈覆辙。③ 如今中韩关系需要从中美博弈和朝核问题、中韩关系和韩美同盟的外交安保困境中脱离出来，韩国应该从更加独立且具有战略性的视角出发，探索和制定新对华政策。④

在尹锡悦当选总统后，《环球时报》于 3 月 11 日发表社评，就追加部署“萨德”的争议表示，“中国尊重韩国对本国安保的正当忧虑，

① 尹锡悦政府外交安保领域的决策者们大多数支持以韩美同盟为基础推进对华政策，因此如果韩国加强美日韩三方合作并分阶段加入“四边机制”，那么尹锡悦的外交策略将与文在寅前政府坚持的中美均衡外交产生很大不同。参见박수윤，“한미정책협의단장, 전략적 모호성은 동맹 신뢰손상”，2022. 4. 2，https: //www. yna. co. kr/view/AKR20220402030000504?input=1195m。

② 2022 年 1 月 31 日，尹锡悦总统候选人发表了在星州“萨德”基地临时部署的一套驻韩美军军用“萨德”系统（6 个发射装置和 48 枚拦截导弹）的基础上，花费 1.5 兆韩元从美国追加购买一套“萨德”系统用作首都圈的防御，并由韩国军队单独运行的方案，但该方案引发了韩国国内严重的政治内部争议，很多人对该方案的可实施性持有怀疑态度。参见김지훈，“인수위원회, 사드 추가 배치 국정과제에서 신중검토…속도조절”，2022. 4. 5，https: //news. mt. co. kr/mtview. php?no=2022040515220898394。

③ 2022 年 4 月 4 日，邢海明大使出席了尹锡悦政府上台后首次举行的“中韩专家对话：韩国新政府执政后的中韩关系”，并在主旨演讲中表示，“中韩关系一度因‘萨德’问题而陷入最坏局面，凭借两国共同努力重回正轨，但未能完全走出阴影”，对追加部署“萨德”的可能性表达了非常不适的立场。参见유신모，“사드는 한중관계 금기어…전철밟지 말아야”，2022. 4. 7，https: //www. khan.co. kr/politics/defense-diplomacy/article/202204072104001。

④ 정재흥，「윤석열정부의 대중국정책：도전과 과제」，『정세와 정책』，2022 년

但真正的安保必须是共同、全面、合作和可持续的”，强调了中韩共同安保的必要性，并主张“韩国应该尊重中国的战略安保利益”，表示“不能把‘萨德’视为韩国内政和主权问题”，“美国希望的是在东北亚地区实现对华封锁”，明确表示对韩国追加部署“萨德”的反对。[①] 当然，如果朝核问题能够得到一定程度的解决，那么追加部署“萨德”的可能性就不大，但在朝核问题的解决方案上，美日韩和中朝俄之间的立场仍然针锋相对。

如果尹锡悦政府根据新变化的国际局势，以强化韩美同盟和美日韩三国安保合作为基础开展对华政策，那么预计中韩关系也会发生变化，具体来说就是中韩对平等和尊重概念的理解差异，朝核问题解决方法差异和半岛安保困境加剧，朝鲜追加核试验和发射洲际导弹导致“萨德”系统追加部署，美日韩三国安保合作加强等情况发生的可能性很高。[②] 事实上，“印太经济框架”的正式启动、朝核问题和对朝制裁的实行矛盾、“四边机制”和美英澳三边安全伙伴关系的建立、“萨德”部署和驻韩美军战略资产部署、美日韩三国安保合作等都与中国的核心利益和美国的对华包围圈相联系，因此，尹锡悦政府在制定新对华政策时需要考虑全面的对策。

（三）对华政策议题

尹锡悦政府表示将开启相互尊重的新中韩时代，提出要把政治和

---

① 李忠发：《习近平同朝鲜劳动党常务委员长金正恩举行会谈》，新华网，2018 年 6 月 19 日，http://www.xinhuanet.com/politics/leaders/2018-06/19/c_1123005983.htm。

② 例如在“萨德”问题上中国的主张是，中国尊重韩国正当的安保忧虑，但韩国也应该尊重中国的战略安保利益，“萨德”系统的部署超过了韩国的安保需求，严重损害了中国的战略安保利益。

经济彻底分离开来，根据新区域政治经济秩序的变化来推进中韩关系的发展，实现以平等、相互尊重为基础的中韩关系这一新对华政策立场。[①] 但面对乌克兰危机和中美博弈，韩国难以继续维持曾促进中韩两国基本发展的“安美经中”策略。尤其是在乌克兰危机后，中美之间的矛盾受到了全方位激化，在“印太经济框架”、“萨德”部署、朝核问题、中国南海问题、台湾问题、尖端技术领域（半导体、5G、电池、大数据等）等政治、经济、安保领域的所有问题上都展开了激烈博弈，给中韩关系带来了新的挑战课题。

拜登政府为遏制中国尖端技术的崛起，重组以美国为中心的新供应链，重新出台了“印太经济框架”，提出了公平贸易、供应链重组、反腐败、反避税和加强劳动者人权等，预计区域内经济安保秩序会重组，因此中韩关系也将不可避免地受到直接影响。

此外，尹锡悦政府上台后与拜登政府签订的“印太经济框架”正朝着半导体技术同盟扩展，如果美日韩三国和中国台湾抱团共同遏制中国的技术崛起，那么中国也很有可能加强对韩国的施压，因此韩国也有必要考虑中国主导谈判的《区域全面经济伙伴关系协定》和中日韩自由贸易协定推进方案，在中美经济技术竞争中开展以国家利益为中心而非选边站的对华政策。事实上，2021 年韩国对华出口占比为 25.8%，远超对美和对日出口，因此韩国更需要与中国发展稳定友好的关系，而不是相互冲突和对立。

尹锡悦总统在大选期间也强调了要通过推进与中国在外交、国防、经济、科技等主要领域的中韩高级别战略对话定期化，以积极处

---

① 尹锡悦政府对华政策的基本路线是实现相互尊重的新中韩合作时代，这是从以平等和相互尊重为基础的国际外交惯例和规范的双边关系出发的。

理两国间存在的主要问题和矛盾因素，构建实质性的中韩战略伙伴关系。然而，随着中国迅速成为世界第二大经济体，曾经互补的中韩经济关系出现了各产业竞争的趋势和局面，并且受美国主导的全球供应链重组和中国疫情应对政策的影响，中韩经济合作动力相较于过去有所减弱，但为了发掘中韩关系新的增长动力，两国在尖端技术、数字经济等新领域的经济合作潜力巨大。中国是世界最大的内需市场和零部件市场，目前在拉动韩国经济发展中起到了非常重要的作用，因此积极发掘与中国的新经济合作动力，努力推进更为创新的对华政策非常重要。韩国有必要根据因乌克兰危机和中美博弈加剧而出现的新的国际局势，积极发掘和深化在经济安保、公共卫生、气候变化、大规模杀伤性武器不扩散等政治、外交、经济合作领域的新议程。尤其是乌克兰危机后，为防止因国际局势变化而加剧的中美博弈影响到朝鲜半岛，韩国需要进一步努力加强与中国的相互沟通和对话。

今后中韩两国有必要推进两国间高级别战略对话定期化、制度化，韩国也需要设定能够处理朝核问题和疫情防控合作等中韩间重要问题与潜在矛盾因素的新对华政策方向。为此，中韩有必要每年定期举行两次中韩高级别战略对话，以外交为中心，推进国防、经济、科技等多个层面的 2+2 副部长级战略对话，以契合两国的战略伙伴关系。尤其在解决朝核问题方面，中国是对朝鲜政治经济有着最大影响力的邻国，因此韩国应通过构建更加切实的中韩战略伙伴关系来谋求半岛局势的稳定。

尹锡悦政府需要以灵活的战略思考为基础，对外部环境进行更加现实客观的分析和迅速的政策应对，寻求和平繁荣和两国间共同利益，并以政经分离原则为基础，确保两国合作动力。但受中美博弈加剧的影响，韩国提出的与中国相互尊重和政经分离的原则能否朝着韩国希望的方向顺利发展还是未知数。考虑到中韩关系的重要性，韩国有必要在国际局势急剧变化的情况下，围绕中国担心的区域外交安保问题，通过多种渠道与中国进行更加密切的沟通合作。

四、结语

中韩建交30周年意义深远。以经济和社会领域为中心，两国关系在短时间内取得了迅速发展和巨大成果，但两国间仍然存在不少矛盾和问题。在过去30年间，中韩关系的发展主要以经贸和社会领域为基础，但随着中国国力迅速提高，两国间国力差距逐渐拉大，在非常复杂且难以解决的问题上表现出了认识差异。中韩关系在其他领域并未能达成实质性的发展，并且两国关系在经过中美博弈加剧下的朝核问题对立和“萨德”部署后，切实暴露出了求同存异的局限性。同时，以韩国年轻人为中心的反中情绪在新冠肺炎疫情和雾霾等问题的影响下迅速上升，直接影响了中韩关系的变化。①

在乌克兰危机后中美博弈逐渐加剧的情况下，中美在核心利益问题上关系再次恶化，中韩关系也将不可避免地受到直接的负面影响。乌克兰危机以后，韩国在新冠肺炎疫情和中美博弈加剧的影响下面临非常困难的情况，拜登政府从“印太战略”的角度出发，开始要求韩国通过加强韩美同盟和美日韩三方同盟参与对华施压；中国则要求韩

① 在中韩建交30周年之际，支撑两国关系的经济合作和社会文化交流继续发展的可能性很大，但由于两国间政治信任不足，如果出现新形态的挑战因素或突发变数，两国关系很可能将面临严重危机。最具代表性的事例就是民间领域出现的反中情绪等社会文化矛盾。参见신종호,「한중관계 30년평가와 한국신정부의 대중국정책 전망」,『국가전략』제 28 권 2 호，2022：7-34。

国不参与反华战线，而加强中韩之间的战略沟通。因此，韩国需要在艰难的国内外环境中推进政策应对，探索持续推进半岛无核化进程、改善朝韩关系、推动中朝韩三方及中俄朝韩四方的经济合作等，防止中韩关系受到域外势力过度的干扰和冲击。

已建交30周年的中韩两国的关系如今正面临着多重风险带来的多种挑战。中美博弈和乌克兰危机等传统地缘政治竞争日益加剧，新冠肺炎疫情、气候变化、网络等非传统安全的重要性也日趋凸显。事实上，随着安保和经济领域的重合度加大，经济安保的重要性也比过去更加突出，因此区域内各国面对各种挑战课题很可能出现相互矛盾和对立，预计中韩关系的发展也不可避免地面临考验和挑战。中韩关系走过30周年之际，韩国应更加努力地寻找符合中韩战略合作伙伴关系的最大公约数，制定慎重的对华政策以避免乌克兰危机以及中美博弈带来的国际局势动荡扩大转移到朝鲜半岛，并在与中国核心利益相关的外交安保主要敏感问题上尽可能保持战略灵活性。同时在制定对华政策时，尹锡悦政府应转换战略竞争者的思维，以推动中韩关系战略合作伙伴关系的实质性发展为目的，制定更加切实、有内涵的对华政策，并与中国保持持续的合作与沟通。

中美战略博弈下的中韩关系现状与展望

李　栫*

摘　要　自拜登执政以来，美国奉行“联盟优先”的外交政策。美韩同盟向“全球全面战略同盟”快速转型，同时加强美日韩三边联动，朝鲜也做出长期与美国进行对抗的准备。加之乌克兰危机，东北亚的阵营化对抗趋势已经逐渐显现出来。中韩关系正在经历前所未有的震荡。面对百年未有之大变局，中韩两国应积极努力维护朝鲜半岛和东北亚地区的和平与稳定。

关键词　中美关系；中韩关系；美韩同盟；阵营化对抗

自拜登执政以来，美国调整了对朝鲜半岛的政策，将美韩同盟打造为军事与科技同盟，并致力于提升韩国的国际地位，同时积极构筑美日韩三边同盟关系，以遏制围堵中国。与此同时，朝鲜密集试射导弹、洲际导弹，并颁布核武力政策的法令，做好与美韩长期对抗的准备。加之乌克兰危机，东北亚的阵营化对抗趋势已经逐渐显现出来。这无疑会给中韩关系带来不小的冲击，中韩关系正处在十字路口。

---

* 李栫，中国社会科学院美国研究所研究员。

一、拜登执政以来的中美关系与对朝鲜半岛的影响

自拜登执政以来，美国对华政策仍是以强硬路线为主，将中国视为长期的战略竞争对手，坚持以强化同盟和营建小多边的方式来围堵、遏制中国。

首先，定位中国为美国长期的战略竞争对手。2022 年 10 月 12 日，拜登政府公布了长达 48 页的《美国国家安全战略报告》，在其报告中，中国被定义成为“是美国最重要的地缘政治挑战”，“中国是唯一一个既有重塑国际秩序意图的竞争对手，也有越来越多的经济、外交、军事和技术力量来做到这一点”。[①]此后，总统国家安全事务助理杰克·沙利文在乔治城大学发表了题为《国家安全战略旨在应对新挑战》的演讲，声称“中国是美国目前面临的最大地缘政治挑战”。[②]

其次，设立各种屏障，在经贸、科技、人权等领域对中国实施打压。2021 年 4 月，美国国会提出了《2021 年战略竞争法案》（*Strategic Competition Act of 2021*）和《无尽边疆法案》（*Endless Frontier Act*）两份法案，将中国视为“美国 21 世纪最大地缘政治挑战”，[③] 采取各种

---

① The White House, *The Biden-Harris Administration's National Security Strategy*, October 12, 2022, https://www.whitehouse.gov/briefing-room/statements-releases/2022/10/12/fact-sheet-the-biden-harris-administrations-national-security-strategy/.

② The White House, "On-the-Record Press Call by National Security Advisor Jake Sullivan Previewing the Biden-Harris Administration's National Security Strategy," October 12, 2022, https://www.whitehouse.gov/briefing-room/press-briefings/2022/10/12/on-the-record-press-call-by-national-security-advisor-jake-sullivan-previewing-the-biden-harris-administrations-national-security-strategy/.

③ S. 1169, *Strategic Competition Act of 2021*, April 15, 2021, Senate Committee on Foreign Relations, pp. 1–281; S. 1260, *Endless Frontier Act*, April 20, 2021, Senate Committee on Commerce, Science, and Transportation, pp. 1–160.

限制条件，防止中国在高科技领域赶超美国，加大对中国的高科技限制，全面与中国展开在高科技领域上的竞争。2022 年 8 月 9 日，拜登签署《芯片和科学法案》（*CHIPS and Science Act of 2022*）。该法案对美本土芯片产业提供巨额补贴，并要求任何接受美方补贴的公司都必须在美国本土制造芯片。法案规定，如果在美国设厂的半导体公司同时也在中国投资和建设半导体产业，那么它将无法获得这一补贴。①

最后，深化“印太战略”。2022 年 2 月 11 日，拜登政府公布了《美国印太战略》（*US Indo-Pacific Strategy*）报告。该报告认为：“中国正在全面整合其经济、外交、军事以及技术力量，加紧在印太构筑其势力范围，谋求成为世界最具影响力的国家。”② 为此，美国必须深化其在“印太”的联盟体系，加强伙伴关系，可以看出，美国正在“印太”构筑起一条链条遏制中国。而这一链条的起点无疑是在东北亚，加强与日韩的关系随即成为美国“印太战略”的重点。

事实上，拜登政府的对华政策与朝鲜半岛局势息息相关，日益恶化的中美关系正带给半岛更多的不确定性。

第一，不断恶化的中美关系导致中美在朝核问题上的合作受损。中美在朝鲜半岛的利益与地缘政治考量有相当的重合性，这也就决定了中美在朝鲜半岛问题上存在共同利益，具有合作的空间。自 20 世纪 90 年代“四方会谈”以来，中美在朝核问题上一直保持合作。然而，目前中美不断恶化的关系使中美在朝鲜半岛的共同利益正让位于中美的战略博弈。拜登政府一直采取对朝鲜施压的政策。而中国则认为朝

---

① “For China’s Chip Champion, the Easy Part Is Over,” *The Wall Street Journal*, August 12, 2022, https://www.wsj.com/articles/for-chinas-chip-champion-the-easy-part-is-over-11660299673.

② White House, *The US Indo-Pacific Strategy*, February 2022, https://www.whitehouse.gov/wp-content/uploads/2022/02/U.S.-Indo-Pacific-Strategy.pdf.

鲜半岛无核化必须考虑朝鲜的安全关切，并按照“双轨并进”思路和“分阶段”“同步走”的原则。中美战略互疑加剧使两国很难在朝核问题上展开实质性的合作，朝核问题的解决遥遥无期。

第二，美国国内出现利用半岛问题对华制约的想法。在美国看来，朝鲜就是中国的“棋子”或“代理人”。这样不切实际的“傀儡意象性”思维只能加速美国将“朝鲜认知为中国阵营的一分子”。[①] 随着拜登执政，美韩同盟保持更加紧密的态势，美韩大规模军演重新启动，各种战略资产又回到半岛。美国正加速促使美韩同盟向针对中国的方向转型，要求韩国在亚太防务上采取针对中国的一系列行动。美国正在以“朝鲜威胁”为名，行“遏制中国”之实。

第三，中美在半岛政策上的分歧更加凸显。对中国而言，维持半岛和平与稳定，推进半岛无核化一直是中国在半岛事务上长期坚持的原则。然而，美国在朝核问题上采取僵化的政策，不考虑朝鲜的安全关切，导致朝核问题迟迟无法得以突破。中美在半岛政策上的分歧日渐凸显。不仅如此，中美两国的价值观差异也冲击着两国在朝鲜半岛问题上的共同利益，这尤其表现在朝鲜人权问题上。美国一直批评朝鲜的人权状况，甚至将人权与半岛无核化挂钩。而中国则秉承“不干涉他国内政”的外交理念，反对将朝鲜人权问题国际化。可见，这些分歧和差异正在导致中美在半岛事务上的互疑加深，不仅不利于解决问题，反而会恶化两国关系。

① Mastro, Oriana Skylar and Sungmin Cho, “North Korea Is Becoming an Asset for China,” Freeman Spogli Institute, Stanford, February 3, 2022, https://fsi.stanford.edu/news/north-korea-becoming-asset-china.

二、尹锡悦执政下美韩同盟的深化

2022 年 3 月 10 日，尹锡悦以微弱优势当选韩国新任总统。尹锡悦在竞选期间，就大力鼓吹深化美韩同盟，强调“一切以美韩同盟为出发点”。① 自其执政以来，深化美韩同盟一直是其外交政策的总基轴。

首先，经济安全成为美韩同盟新的核心内容。拜登政府始终在国际上大力渲染“经济安全”，从而限制其盟国与中国的正常经济往来。尹锡悦政府也高调重视“经济安全”，把韩国位居世界领先的核心技术作为经济安全的重点。2022 年 5 月，拜登访问韩国，其间，美韩首脑达成共识，双方力促建立起“基于尖端技术和供应链合作”的经济安全同盟，这标志着美韩同盟从军事同盟向经济和科技同盟的转型。美韩还将设立“经济安全对话机制”，加强两国在供应链和技术核心领域上的合作，这些领域涉及人工智能、半导体等尖端技术。不仅如此，韩国大型企业集团也承诺在美国建立工厂，不仅可以缓解美国的失业问题，而且将有利于美国在供应链上的战略部署。

其次，全面升级美韩军事同盟。尹锡悦执政以来，美韩军演全面恢复，美韩军演级别和进攻性得到提升，尹锡悦政府在“延伸威慑”上增强美韩军事合作的执行力，甚至讨论美国战略资产在韩部署的问题。尹锡悦在北约峰会上一直强调与北约的军事合作。9 月 27 日，北

① “What Yoon’s Win Means for Security and Foreign Relations on the Korean Peninsula,” *NKnews*, March 10, 2022, https://www.nknews.org/pro/what-yoons-win-means-for-security-and-foreign-relations-on-the-korean-peninsula/.

约理事会宣布接受韩国政府的请求，将韩国驻比利时大使馆指定为驻北约代表部，以加强韩国与北约的情报和信息交流。同时，美韩也努力强化同盟的“域外军事”能力，将触角逐渐伸向中国周边地区。

再次，积极加入美国主导的“小多边”集团。尹锡悦决定分阶段加入美日印澳“四边机制”。尤为值得关注的是，尹锡悦政府参与美国主导的“印太经济框架”（Indo-Pacific Economic Framework）。韩国希望在此框架中“既可以在规则制定中获得发言权保障自身的竞争优势，又不会引起中国特别强烈的反应”。[①]

最后，与美国在对朝政策上保持步调一致。为了应对朝鲜的核导威胁，尹锡悦政府设立美韩延伸威慑战略磋商机制，加大延伸威慑的执行力度。尹锡悦政府还提出在韩国部署美国的战略资产，如战略轰炸机、航空母舰、核潜艇，并定期演习。不仅如此，尹锡悦还提出以先发制人的打击能力应对朝鲜的导弹，强化韩国防空导弹防御系统，通过部署额外的“萨德”系统和“爱国者-3”来构建多层导弹防御系统。在对朝政策上，尹锡悦在 2022 年 8 月 15 日的讲话中提出对朝政策路线图的“大胆构想”，包括对朝鲜进行大规模粮食支援项目、发电和输配电基建支援项目、港口和机场现代化项目、旨在提升朝鲜农业生产的技术支援项目、医院和医疗基础设施现代化项目、国际投资及金融支援等。[②] 但这个构想要求朝鲜率先采取“实质性无核化措施”，完全无视朝鲜的安全关切，遭到朝鲜的猛烈抨击。可见，尹锡

---

① “South Korea Keeps Strategic Ambiguity Alive by Joining US-led Economic Framework,” *NKnews*, May 25, 2022, https://www.nknews.org/pro/south-korea-keeps-strategic-ambiguity-alive-by-joining-us-led-economic-framework/?t=1663416910670.

② 《尹锡悦再提对朝“大胆计划”承诺以援助换取朝鲜半岛无核化》，凤凰网，2022 年 8 月 16 日，https://news.ifeng.com/c/8IWFgpNXZA9。

悦政府的对朝政策与拜登政府的对朝政策如出一辙，步调一致。

由上可见，美韩同盟正在向科技与经济同盟转化，韩国也开始加速进入美国“印太战略”的轨道，其针对中国的战略意图非常明显。

三、走向“阵营化对抗”的朝鲜半岛

随着乌克兰危机的加剧，东北亚格局也在经历急剧的动荡。尹锡悦的上台将使朝鲜半岛迎来新一轮的动荡。这其中最为重要的变化趋势是半岛阵营化对抗局面的到来。

第一，朝鲜半岛南北对立和对抗的局面形成。朝鲜不断提升自身的核导能力，自 2022 年以来，朝鲜持续发射各类型的导弹。10 月 4 日，朝鲜发射中远程弹道导弹，导弹射程达 4500 公里，飞越日本上空后落入太平洋。10 月 6 日、9 日，朝鲜再次分别试射 2 枚短程弹道导弹。朝韩军机还在空中对峙大约 1 小时。在政治上，9 月 8 日，金正恩在朝鲜第十四届最高人民会议第七次会议上发表施政演说，要求加强国防建设，对美国做出长期对抗的准备。与此同时，韩国也在加紧研发高精尖武器，构筑自己的导弹防御系统。整体而言，朝鲜半岛南北对立和对抗格局已经形成，危机爆发的频率将加大。

第二，韩俄关系愈加冷却，朝俄关系迅速回暖。韩俄关系正在受到乌克兰危机的影响和冲击。一方面，韩国加入西方阵营制裁俄罗斯，而俄罗斯将韩国列入“不友好国家”名单，随着乌克兰危机的持续，韩俄关系将受到更大的冲击，经济合作很难进行。美国也将加大针对韩国对俄问题上的施压力度。另一方面，朝俄关系迅速回暖。在新冠肺炎疫情期间，俄罗斯向朝鲜进行粮食援助。2022 年，朝鲜在乌克兰危机中坚定地站在俄罗斯一边，批判美国的霸权主义，在联合国涉乌克兰危机的投票上也是支持俄罗斯。可以预见，朝俄关系在未来将会更为紧密。

第三，美朝对话窗口关闭，双边关系走向战略僵持。在朝鲜看来，拜登对朝政策仍是特朗普时期对朝敌对政策的继续，涉朝制裁不仅没有松动，反而更加强化，大规模美韩军演已经重启，从而导致朝鲜已经对拜登政府失去希望。2022 年 1 月 19 日，金正恩在政治局会议上强调：朝鲜应“更加彻底做好同美国长期对抗的准备”。[①] 9 月 8 日，金正恩在朝鲜第十四届最高人民会议第七次会议上的施政演说开篇就直接抨击美国对朝鲜的敌对政策，要求进一步提高核武水平，并颁布核武力政策的法令，以长期对抗美国。由此可见，至少在拜登执政期间，美朝对话很难重启。

第四，重塑美日韩三边关系。尹锡悦将日韩关系修补当作其外交政策的重点。尹锡悦政府不仅派特使访问日本，也在国际场合屡屡与日本进行对话磋商。美国也一直积极协调两国各级别的高级对话，日韩关系的恢复不仅有利于美国在东北亚发挥领导力量，也是拜登政府“印太战略”的重要一步。

由上可见，朝鲜半岛的阵营化局面正在逐渐显现。这将是冷战结束以来朝鲜半岛经历的又一关键的时期。阵营化对抗的阴云弥漫在半岛上空，危机爆发的可能性正在加大。然而即使一些消极因素在不断发酵和积累，但朝鲜半岛局势仍在可控范围内。朝韩以及东北亚相关国家仍以半岛稳定为政策目标，建立起各种战略对话通道和对话机

---

① 《朝鲜劳动党第八届中央委员会第六次政治局会议举行》，［朝］劳动新闻，2022 年 1 月 20 日，http://www.rodong.rep.kp/cn/。

制，因此危机仍在可控范围内。

四、处在十字路口的中韩关系

中韩关系在曲折中逐步推进。在冷战时代，朝鲜完全倒向苏联，韩国则倒向美国，朝韩形成了严重对立局面，中韩关系呈现出东西阵营化的典型特征。进入 20 世纪 80 年代之后，中国把工作重心转移到经济建设上来。面对国际形势的变化，中国调整了对朝鲜半岛的政策，以营造一个有利于改革开放的国际环境。“中国对朝鲜半岛的政策也相应转化，从只承认朝鲜的传统单线外交逐渐转变为对朝鲜、对韩国开展双线外交”。① 在对韩关系发展上，中国以“政经分离”原则，坚持同韩国发展经贸关系，为最终建立外交关系逐步创造条件。与此同时，韩国政府也利用一切机会寻求与中国进行接触，实现两国关系和解。从 1979 年开始，中韩两国通过香港，开始了转口间接贸易。② 80 年代以来，中韩两国的交流更为密切。1982 年，中韩共同抨击日本文部省篡改历史教科书。中韩民间领域的往来在 20 世纪 80 年代十分热络，经贸关系也得以迅猛发展。1992 年 2 月和 7 月，中韩民间贸易协定和民间投资保护协定分别生效。两国在运输以及通信服务领域的业务合作从此而开启。值得关注的是，在改革开放之初，中韩经贸有很大的互补性。韩国是一个贸易立国的国家，开拓中国市场，获取中国资源，对促进韩国经济的发展相当重要。中国的现代化建

① 李元烨：《中美两国的朝鲜半岛政策演进历程研究》，香港社会科学出版社有限公司，2003，第 240 页。

② 同上书，第 242 页。

设、改革开放也需要同韩国进行转口贸易的经贸往来。

自建交以来，中韩两国关系迅速发展。1998 年，中韩两国建立“面向 21 世纪的中韩合作伙伴关系”，2000 年，中韩建立“全面发展的友好合作关系”。2003 年，中韩再次将两国关系提升为“全面合作伙伴关系”。2008 年，胡锦涛主席与来访的韩国总统李明博决定将两国关系再次提升为“战略合作伙伴关系”。2013 年 6 月，朴槿惠总统访华，中韩领导人共同发表了《中韩面向未来联合声明》，标志着两国关系提升到了新的阶段。中韩两国战略关系不断提升，两国不仅在东北亚和平维护、朝鲜半岛无核化方面开展双边合作，也在国际事务上谋求发展与合作。2014 年 7 月，中韩双方宣布两国努力成为实现共同发展的伙伴、致力地区和平的伙伴、携手振兴亚洲的伙伴、促进世界繁荣的伙伴。

2014 年 11 月，中韩自贸协定进行实质性谈判并签署有关谅解备忘录。2015 年 6 月 1 日，双方正式签署自贸协定。同年 12 月，中韩自贸协定正式生效。“据中国海关总署数据，2021 年，中韩双边贸易额突破 3600 亿美元。中国已连续 18 年位居韩国第一大贸易伙伴国”。[①] “韩国对中国出口比重以 25%绝对优势占据首位，中韩贸易接近韩与美、日、欧贸易额总和”。[②]

随着中美战略博弈日益严峻，中韩关系开始了大起大落的状态。2016 年中韩两国关系因“萨德”在韩部署问题而迅速恶化。自文在寅政府以来，中韩关系在蹒跚中不断前行，持续受到中美关系的影响和

① 《中韩经贸合作展现新气象》，人民网，2022 年 9 月 5 日，http://world.people.com.cn/n1/2022/0905/c1002-32519445.html。

② 《中韩贸易三十年：交易额增 40 倍，从互补走向竞合》，第一财经，2022 年 8 月 28 日，https://www.yicai.com/news/101520074.html。

冲击。然而需要指出的是，两国在新冠肺炎疫情中进行了有效的合作，在疫情初期成立了联防联控机制，同时中韩两国在国际组织以及多边框架上也发挥着沟通和协调的作用。

尹锡悦刚刚胜选，就表示要“发展相互尊重的中韩关系”①。在随后出台的“120 大国政课题”中，专门强调促进中韩两国首脑互访和高层间的交流、沟通等问题。其对华政策的主要核心是以“相互尊重”为基础，立足“国家利益”发展两国关系，强调“价值”“主权”以及“认同感”。事实上，尹锡悦的对华政策是以美韩同盟为出发点。在尹锡悦的外交纲领中，“开放的、以规则为基础的秩序是区域和全球和平与繁荣的基础。而美韩两国在这方面拥有着共同的利益。开放、有规则的秩序，包括供应链的安全、网络空间和数字网络的安全、促进民主、洁净的信息生态圈、航行自由、政府发展援助（ODA）、人权、海上安全以及尊重领土主权，等等”。② 以上可以看出中韩关系可能出现的隐忧。

首先，“相互尊重”造成中韩在价值观上出现分歧。尹锡悦政府一直强调西方民主和自由的价值原则。2022 年 6 月 29 日，尹锡悦受邀出席北约峰会，他表示：“期待北约和‘印太’之间的合作关系成为守护普世价值团结的基石。”③ 这显然与北约在“战略概念”中针对中国的所谓“系统性挑战”有关。尹锡悦的表态表明韩国业已与美国

---

① 《稳定并改善中韩关系是中韩两国的“必然选择”》，中国网，2022 年 3 月 15 日，http://www.china.com.cn/opinion2020/2022-03/15/content_78108489.shtml。

② Yonho Kim, *US-ROK Strategic Communication: Track Ⅱ Dialogue on the US-China Strategic Rivalry and the US-ROK Alliance*, The George Washington University Institute of Korean Studies, May 24 2022, https://gwiks.elliott.gwu.edu/u-s-rok-strategic-communication/.

③ 《美国邀请尹锡悦出席北约峰会的理由》，［韩］《韩民族新闻》2022 年 6 月 27 日，https://china.hani.co.kr/arti/opinion/11355.html。

及其盟友达成对华共识，即美国所要求的，“印太”国家和北约国家必须联合起来，才能“使基于自由、人权和法治的秩序得到尊重”。[①]可以看出，中韩在如何理解“相互尊重”这一原则上正显露出分歧，如遇到具体问题或将出现严重矛盾。

其次，中韩在“萨德”问题上将重新陷入争端。韩国外交部在谈及“萨德”问题时指出，此问题事关韩国国家安全主权，不能成为与任何国家妥协的对象。韩国政府将推进“萨德”基地正常化一事视为应对朝鲜核导威胁、维护国家安全主权的重要举措。[②] 尹锡悦政府还否认了文在寅政府与中国达成的“三不一限”的说法，认为这不是中韩双方达成的协议或者约定，只是上届韩国政府表明的立场。[③] 9月，韩国政府声称已完成了向美国供地40万平方米的相关程序。对此，中国表明了严正的立场。随着“萨德”部署再次提上日程，中韩围绕“萨德”的争论与对话也将再次成为热点。

再次，中韩在经贸以及高科技的竞争将凸显出来。“在贸易领域，中韩贸易过去一直遵循着韩国出口零部件等中间产品，中国再加工成成品销往世界的分工格局”。[④] 然而，随着中国持续进行经济结构调整，原有的中韩贸易结构也随之发生了变化。“在韩国具有相对竞争优势的液晶面板、智能手机、电动汽车和新能源电池领域，如今都能

---

① 《尹锡悦指示落实北约峰会跟进措施》，韩联社，2022年7月4日，https://cn.yna.co.kr/view/MYH20220704013100881。

② 《韩外交部：萨德问题事关国安主权不容妥协》，韩联社，2022年8月25日，https://cn.yna.co.kr/view/ACK20220825006500881。

③ 《韩外交部重申涉萨“三不”非韩中间协议》，中国评论新闻网，2022年8月11日，http://220.194.47.118/doc/1064/4/0/0/106440012.html?coluid=0&kindid=0&docid=106440012&mdate=0811094119。

④ 《中韩贸易三十年：交易额增40倍，从互补走向竞合》，第一财经，2022年8月28日，https://www.yicai.com/news/101520074.html。

找到已成韩国最大竞争对手的中国企业。目前，韩国在尖端技术产业，如半导体等电子通信领域仍保持着竞争优势。但在航空航天、生物医疗、能源资源、信息通信科技和软件领域则已被中国所赶超”。[①]这就意味着中韩经贸关系已经从历史上的互补型向战略竞合型方向发展。随着韩国越来越受到来自美国的压力以及对自身竞争优势地位的考虑，中韩在高端科技领域上的竞争将加大。韩国总统府经济首席秘书官崔相穆在北约峰会的记者会上认为，韩国经济上依赖中国的时代已经结束。[②] 然而伴随着中韩自贸协定第二阶段谈判启动，有关进一步提升中韩两国服务贸易和投资的开放与合作水平也被提上日程。中韩在经贸以及高科技领域的竞合态势已经形成。

最后，台海局势与朝鲜半岛的联动效应。随着美韩“全球全面战略同盟”的加强，韩国被美国纳入“印太战略”的进程将加速。目前，拜登政府一直在台湾问题上掏空一个中国原则，更将台湾问题国际化。美韩在 2021 年 5 月的首脑会谈上首次指出“维持台湾海峡和平与稳定”的重要性，此后美韩军事高级别对话屡屡提起台湾问题，今后尹锡悦就台湾问题与美国保持步调一致的可能性很大。

尽管韩国对华政策显现出强硬的一面，但目前尹锡悦政府在涉华问题上仍十分谨慎，中韩经贸关系仍然十分紧密，韩国企业并不想失去中国的市场，韩国制造业 90% 以上的新能源电池、半导体、汽车、

① 《中韩贸易三十年：交易额增 40 倍，从互补走向竞合》，第一财经，2022 年 8 月 28 日，https://www.yicai.com/news/101520074.html。

② 《韩官员称“通过中国实现出口经济繁荣时代结束”，韩舆论出现担忧声》，《环球时报》2022 年 6 月 30 日，https://world.huanqiu.com/article/48dLaLvQm5j。

航空零部件等核心产业材料从中国进口。[1] 从 2022 年 5 月美韩峰会以及尹锡悦北约之行来看，韩国仍较为顾忌中国，并不想在台湾问题、供应链等问题上刺激中国。2022 年 8 月，佩洛西窜访台湾地区后访问韩国，尹锡悦以休假和日程安排冲突为由“拒见”，只进行了电话沟通，韩国政府重申坚持一个中国原则，有意展现出韩国不愿过多介入台湾问题的姿态。2022 年 3 月，美国提出与韩国、中国台湾地区、日本组成“芯片四方联盟”的构想。8 月 4 日，韩总统办公室表示，韩国将继续与中国保持针对性的供应链合作。8 月 7 日，尹锡悦派遣外交部长朴振访华，“承诺妥善处理‘萨德’问题”。8 月 27 日在第 17 次中韩经济部长会议上，中韩签署三份涵盖产业链、供应链、第三市场等重点项目的合作文件和会议纪要，同时设立司局级协商协调机制，确保出现供应链不稳时及时进行政策磋商与合作。[2] 可见韩国仍在极力保持在中美两国之间的回旋空间。

对比尹锡悦政府的对华政策，中国一直保持对韩政策的连续性。2022 年 5 月 10 日，国家副主席王岐山作为习近平主席特别代表参加了尹锡悦的总统就职仪式。王岐山在与尹锡悦会晤时，就中韩关系发展提出五点建议：“一是加强战略沟通和高层交往，并进一步活跃各方面、各层级对话交流。二是深化务实合作，加强发展战略对接，深化重点领域和第三方市场合作，推动两国合作提质升级。三是充分发挥地缘相近、文缘相通、人缘相亲优势，以建交 30 周年和举办中韩文

---

① 《韩国对华 28 年贸易顺差不保?》，《环球时报》2022 年 7 月 13 日，https://finance.huanqiu.com/article/48nvKjVP5nm。

② 《中韩举行第 17 次经济部长会议　首签供应链合作协议》，中国国际贸易促进会网，2022 年 8 月 29 日，https://www.ccpit.org/korea/a/20220829/20220829hptg.html。

化交流年为契机，设计实施更多有利于增进国民友好的活动，为两国关系发展持续注入正能量。四是就国际地区事务加强沟通协调，共同致力于维护多边主义和自由贸易体系，促进地区与全球发展繁荣。五是加强半岛事务协调合作，妥处敏感问题。中方真诚支持半岛南北双方改善关系，推进和解合作，愿同韩方加强沟通，推动半岛无核化和持久和平”。[①]

8 月 24 日，适逢中韩建交 30 周年，习近平主席与尹锡悦总统互致贺电。习近平指出，中韩关系之所以能取得辉煌发展成就，在于双方坚持登高望远，顺应时代发展潮流，不断为双边关系注入新的时代内涵；在于双方坚持互尊互信，照顾彼此核心利益和重大关切，通过真诚沟通增进理解与信任；在于双方坚持合作共赢，深化互利合作与交流互鉴，实现相互成就、共同繁荣；在于双方坚持开放包容，携手维护地区和平稳定，促进区域融合发展，维护国际关系基本准则。这些宝贵经验值得我们倍加珍惜和长期坚持。习近平强调，中韩要做好邻居、好朋友、好伙伴。[②]

9 月 15 日，中国全国人大常委会委员长栗战书应韩国国会邀请对韩国进行为期两日的正式友好访问。栗战书指出，“中方始终将同韩国的关系置于重要位置。中方愿同韩方加强沟通，把握大势，排除干扰，聚焦合作，夯实友好，共同推动中韩关系行稳致远，更好造福两国和两国人民。经贸合作是两国关系的重要亮点。双方应进一步深化

---

① 《王岐山出席韩国新任总统尹锡悦就职仪式》，中国驻韩大使馆网，2022 年 5 月 11 日，http://kr.china-embassy.gov.cn/chn/yhjl/202205/t20220511_10684365.htm。

② 《习近平同韩国总统尹锡悦就中韩建交 30 周年互致贺函；李克强同韩国国务总理韩德洙互致贺电》，中华人民共和国外交部网站，2022 年 8 月 24 日，https://www.mfa.gov.cn/zyxw/202208/t20220824_10750961.shtml。

合作，加强发展战略对接，尽快完成中韩自贸协定第二阶段谈判，确保产业链供应链安全稳定，共同维护基于规则的自由贸易体系。国民友好感情是两国关系发展的基础。要进一步加强双方在人文、媒体、智库等领域交流，增进两国人民之间的相互理解和友谊。妥善处理敏感问题对确保中韩关系健康稳定发展至关重要。中方愿同韩方就地区和全球性重大议题加强沟通协作，共同为促进地区和世界和平稳定、发展进步作出贡献”。①

虽然中韩两国均有加强合作的强烈意愿，但需要克服两国存在已久的安全问题、历史问题、文化问题以及日益险恶的外部环境等因素的干扰。随着中美关系走向恶化，中韩关系也受到严重的冲击，加之两国民间关系日趋负面，中韩关系的改善面临重重阻力。如上所述，目前朝鲜半岛阵营化趋势在加强，阵营化对抗的可能性在加大。“历史证明，中韩关系是半岛局势的枢纽所在，要解决半岛问题，中韩必须携手”。② 中韩两国应一方面维持战略伙伴关系，另一方面保持两国关系的稳定发展。

首先，落实中韩两国的各种对话机制。中韩关系目前发展的瓶颈是战略互信不足。中韩间定期战略对话机制仍处于静置状态。“朴槿惠政府曾希望开通包括青瓦台国家安保室长和中国负责外交事务的国务委员间的高层战略对话、外交部和国防部官员（2+2）共同出席的外交安全对话、国家政策研究机构战略对话和政党间政策对话在内的

---

① 《栗战书对韩国进行正式友好访问》，中国人大网，2022 年 9 月 18 日，http://www.npc.gov.cn/npc/kgfb/202209/46f7870f887e4f5a9eee0edece1c444d.shtml。

② 杨希雨：《朝鲜半岛的危机周期与长治久安》，《东疆学刊》2019 年第 1 期，第 1 页。

四大战略对话”。[①] 显然，这些对话机制目前都未予以落实。随着东北亚阵营对抗愈演愈烈，畅通中韩战略对话机制，加强两国高层间定期的安全沟通是突破中韩关系瓶颈的核心。

其次，加快推进并完善中韩双边以及多边经济合作机制的进程。“中韩两国应在双边自贸协定、货币互换、银行合作等既有机制的基础上，进一步推动在中日韩 FTA、区域金融危机防范与救援机制、区域清算支付和信用体系等方面的建设”。[②] 中韩经贸关系的不断深化以及进行新领域的合作将会进一步加强中韩两国之间的互信，也将促进东北亚的经济增长，为地区合作注入正能量。

再次，有效开展危机管控。随着朝鲜半岛军备竞赛的加剧，东北亚出现危机的可能性正在加大。目前，阻碍两国关系发展的主要问题几乎都集中在军事领域，两国军事对话机制应向实质化方向发展，在两国军事有可能激化矛盾的领域上加强沟通，减少误判。事实上，中韩关系长期受到美国与朝鲜等“第三方”因素的制约。为了减少“第三方”因素的干扰，中韩在安全上的合作可以在多边框架下开展起来，如考虑构建中美韩、中朝韩、中美朝韩等三边或四边合作。在多边架构下，各国的利益关切可以得到顾及，从而减轻中韩受制于外部的压力。

最后，谋求民间关系的改善。目前中韩两国民间关系不断恶化，在历史问题和文化问题上的相互误解在加深。中韩人文交流应更加透

---

① 张弛、李帅武：《朝鲜半岛局势转圜下提升中韩伙伴关系的路径与对策》，《韩国研究论丛》2020 年第 1 辑（总第 39 辑），第 45 页。

② 张弛、李帅武：《朝鲜半岛局势转圜下提升中韩伙伴关系的路径与对策》，《韩国研究论丛》2020 年第 1 辑（总第 39 辑），第 46 页。

明、更加包容，允许对方提出不同意见和主张，在求同存异的基础上进行碰撞和理解。不仅如此，应重点塑造中韩青年交流，增进两国青年的相互理解，共同构筑未来世界。

五、结语

在未来一段时期内，朝鲜半岛的阵营化趋势将更为明显，危机爆发的可能性在加大。中韩关系的积极发展将是遏制这一趋势的重要力量。中韩之间存在着广泛的共同利益与广阔的发展空间，同时也面临世界变局的挑战。中韩应该吸取历史教训，完善双边的各种对话机制，在经济上深化经贸关系，同时开辟新的发展领域，加强双边和地区的危机管理，为半岛无核化和永久和平体制的实现贡献积极能量。

新形势下韩国强化经济安全保障的探索与前景研判*

张慧智　邢梦如**

摘　要　当前，国际政治经济秩序正处于大变革、大调整的关键时期，各国为维护自身利益并实现战略目标，展现出加强经济安全的趋向。近年来，韩国不断提升综合实力与影响力，同时也在推动强化自身经济安全，尹锡悦政府提出了“经济安全保障时代”的概念并多次在公开场合予以强调，体现出韩国对经济安全的高度重视。以经济安全作为出发点，能够对新形势下韩国强化经济安全保障的背景与动因进行分析。主要观点如下：在地缘政治博弈长期化背景下，韩国维持并强化自身经济自主性；韩国试图参与塑造未来国际新秩序，谋求实现“大国化”目标；韩国为响应美国经济安全战略调整，巩固深化韩美同盟关系。在此基础上，对韩国的经济安全策略，如增强供应链弹性与韧性、争取国际规则制定主动权和参与高科技竞争以及贸易投资市场多元化等重点措施及其未来前景进行探讨与研判。

---

* 本文系国家社科基金项目“朝韩国家战略调整与半岛形势发展新趋势”（19BGJ048）。

** 张慧智，吉林大学东北亚研究中心教授；邢梦如，吉林大学东北亚学院博士研究生。

关键词 经济安全；供应链；中等强国；韩美同盟；中韩关系

一、问题的提出

关于“经济安全”（economic security）这一概念，国内外学者由于角度或立场不同，对其内涵的理解也有所不同，因此目前尚未有统一且明确的定义。西方学者对经济安全的定义主要包括以下几种：第一，经济安全是军事政治安全的附属品；第二，经济安全是经济本身的安全；第三，经济安全是经济全球化带来的非军事的国家安全问题。[①] 国内学者对经济安全的界定主要从综合观出发，定义较为宽泛。刘斌认为：“国家经济安全是指在开放体系下主权国家的经济发展和经济利益不受本国国内、国外各种因素的破坏和威胁的一种状态，主要包括国家的经济布局合理、全面且能够可持续发展，经济发展战略的实施免受国内外各种经济因素及非经济因素的损害与干扰，参与国际经济合作时具有一定的自主性、自卫力和竞争力，能够避免因外部因素的巨大冲击而使整个国民经济剧烈波动，从而达到规避经济风险、化解经济危机、经济持续健康协调发展的目标。”[②] 张士铨、雷家骕认为：“国家经济安全是指国家经济利益不受侵害、合理获得或得到有效保护，国民经济具有抵制和化解现实的重大威胁，保证可持续

① 刘斌：《国家经济安全保障与风险应对》，中国经济出版社，2010，第26页。

② 同上书，第32页。

发展的基础和外在环境不受破坏的状态。”① 余潇枫、潘一禾及王江丽认为：“一个国家的经济发展不受根本威胁、没有根本危险。从非传统安全视角看，经济安全是指一个国家的经济发展能在国际体系中保持‘优化状态’。”② 由此可见，“经济安全”强调的是“抵御威胁、保持可持续发展的能力”。当今世界正在面临百年未有之大变局，全球政治经济格局加速重构、地缘政治冲突不断加剧以及新冠肺炎疫情的暴发与蔓延等因素为世界经济发展带来诸多不确定性。面对这种新形势，各经济体越发重视自身经济安全，希望通过强化经济安全进一步保障国家安全。

韩国尹锡悦政府提出“经济安全保障时代”的概念，希望在兼顾经济与安全的背景下，为促进韩国经济发展奠定基础。2022 年 5 月 22 日，韩美首脑会谈将“经济安全”议题置于重要位置，希望进一步加强双边供应链与技术合作。2022 年 6 月 29 日，韩国总统尹锡悦在北约首脑会议中发表讲话指出，希望在经济安全和网络安全领域与北约同盟国紧密合作。韩国新政府多次在公开场合提及“经济安全”，其重视程度可见一斑。当前，新一轮科技革命与产业革命发展迅猛、大国实力对比发生变化等因素导致国际环境复杂多变。在此背景下，本文将对韩国强化经济安全保障的背景与动因进行分析，并以此为基础对韩国强化经济安全保障的前景和影响进行研判。

---

① 张士铨、雷家骕：《经济安全》，陕西人民教育出版社，2006，第 32 页。

② 余潇枫、潘一禾、王江丽：《非传统安全概论》，浙江人民出版社，2006，第 167 页。

二、韩国强化经济安全保障的背景与动因

从表面上来看，韩国重视并强化经济安全保障是对美国安全战略新调整的支持与响应，但其深层目的是通过强化国家经济自主性，谋求实现“大国化”目标以及巩固深化同盟关系，进一步维护自身利益与优势，以此在未来国际经济政治新秩序中掌握更多主动性与话语权。

（一）在地缘政治博弈长期化背景下，韩国维持并强化自身经济自主性

当前，中美战略博弈长期化与乌克兰危机不断加剧，导致地缘政治处于紧张局势。自美国特朗普政府上台后，中美战略博弈进入白热化阶段。现任拜登政府总体仍然延续上届政府的对华政策，将中国定位为“最为严峻的长期挑战”,[①] 加紧打造将中国排除在外的经济“朋友圈”，中美博弈呈现长期化趋势。乌克兰危机引发全球能源价格持续上涨，且随着欧美对俄罗斯能源制裁持续升级，全球能源供需的结构性失衡必将进一步加剧。在此背景下，韩国作为世界第十大经济体、美国的盟友以及中国的战略合作伙伴，多重身份与重要的国际地位致使其无法在复杂多变的地缘博弈中“独善其身”，本国经济容易受到来自外部环境的负面冲击。

第一，韩国贸易对外依存度高，易受国际市场和国际关系变动影

① 赵明昊：《拜登政府对华战略的“1234”》，清华大学战略与安全研究中心，2021 年 7 月 1 日，http://ciss.tsinghua.edu.cn/info/zmgx/3699，访问日期：2022 年 7 月 20 日。

响，不利于本国供应链安全。在出口方面，作为典型的出口导向型国家，韩国对外贸易依存度较高，常年保持在60%左右，经济具有天然脆弱性。同时，韩国出口产品集中度高，主要集中在半导体和汽车产业，出口结构较为单一导致其更加容易遭受外部冲击。韩国贸易协会国际贸易通商研究院2022年6月26日发布《2022年三季度出口产业景气展望调查》报告书称，受乌克兰危机长期化和全球物价上涨的影响，2022年第三季度出口产业景气展望指数（EBSI）为94.4，连续两季度跌破100标准线，环比上季度下跌1.7，代表着企业认为下季度出口将进一步恶化。[①] 在进口方面，韩国作为能源资源匮乏的国家，煤炭、石油及天然气等能源几乎均依赖于进口，且属于全球第八大能源消费国，锰、石墨以及有色金属等工业原材料与中间产品的进口比重较大，对国际市场依赖程度极高，其中对中国的依存度更高。韩国制造业90%以上的新能源电池、半导体、汽车、航空零部件等核心材料需要从中国进口，且远超过美国和日本。[②] 同时韩国全国企业联合会近期发布报告称，在韩国进口规模较大、进口依赖度较强的228项“核心进口商品”中，产地来自中、美、日的比重分别为75.5%、10.5%及14%。[③] 韩国的进口产品类别与进口来源国的高集中度导致其易受国际关系变动带来的负面影响。较为直观的是，俄罗斯和乌克兰作为全球半导体制造必需原材料——氖气的生产大国，乌克兰危机

---

① 刘旭：《韩国经济何以跌落痛苦季》，中国商务新闻网，2022年7月4日，https://www.comnews.cn/content/2022-07/04/content_12098.html，访问日期：2022年7月18日。

② 季晓莉：《中韩建交30年，互利合作好邻居》，《中国经济导报》2022年8月30日，第3版，http://www.ceh.com.cn/epaper/uniflows/html/2022/08/30/03/03_50.htm。

③ 《韩国228项核心进口商品172项产地来自中国》，光明网，2022年6月3日，https://m.gmw.cn/2022-06/03/content_1302979328.htm，访问日期：2022年7月18日。

将进一步加剧全球半导体核心原材料的供应短缺。韩国对氖气等关键气体的主要进口来源国为中国、乌克兰及俄罗斯，由于乌克兰危机的爆发导致全球氖气价格大幅提高且进口严重依赖中国，韩国半导体制造供应链面临安全风险。

第二，韩国面临在中美之间“选边站”的压力日益增大。中韩关系方面，两国建交30周年以来双边关系取得长足发展，特别是在经贸领域，中国作为韩国第一大贸易伙伴、韩国作为中国第四大贸易伙伴，两国经贸往来频繁且紧密，中韩经济合作已取得重大成果。自2020年新冠肺炎疫情暴发以来，中韩贸易总额始终保持增长态势。2021年，中韩贸易总额达到3623.5亿美元，较上年增长27%；2022年1—5月，中韩贸易额达1522.6亿美元，同比增长10.2%。[①] 此外，《区域全面经济伙伴关系协定》于2022年2月1日正式对韩国生效，《中韩自由贸易协定》也已实施6年，两项自由贸易协定的并存为中韩两国企业提供了更加优越的贸易条件，促使中韩经贸关系向更深层次迈进。在韩美关系方面，由于中美博弈的持续加剧进一步压缩了韩国的战略选择空间，为避免被美国“抛弃”而陷入安全风险，文在寅政府执政后期“倾向”美国的趋势便有所显现，例如增强韩美同盟在涉华议题方面的配合等。[②] 保守派出身的尹锡悦政府则展现出更为明显的“向美国靠拢”的姿态，例如意图加入“四边机制”（QUAD）、积极加入“印太经济框架”（IPEF）等。虽然拜登政府上台后，对韩态度由“施压”转向“拉拢”，突出强调两国应当追求民主价值联结，

---

① 《2021年中韩双边贸易额突破3600亿美元》，中国新闻网，2022年6月16日，http://www.chinanews.com.cn/cj/2022/06-16/9781446.shtml，访问日期：2022年7月18日。

② 张弛：《韩国对中美战略博弈的认知、因应与中韩关系走向》，《国际问题研究》2022年第3期。

寻求韩美同盟关系向“全面战略同盟”升级，表面上似乎给予韩国更多选择权和自主性，但实际上仍是迫使韩国尽快在中美之间做出选择。

在中美关系方面，近年来，随着中国国家实力不断提升，以美国为首的西方国家将中国视为威胁与隐患，为巩固自身在亚太地区的主导地位，企图通过各种方式遏制中国发展。“守成大国”与“崛起大国”之间的结构性矛盾凸显且具有明显的溢出效应，为东北亚地区局势稳定与经济合作带来消极影响，[①] 最为明显的后果是造成中美韩三角关系的不稳定性增强，韩国的不安全感与日俱增。中国社科院世界经济与政治研究所研究表明，由于中间产品约占韩国对华出口的80%，中国出口至美国的最终产品中含有大量韩国产品增加值，双边贸易摩擦将导致韩国遭受较大冲击。[②] 就目前来看，在中韩经济合作已经取得重大成果的同时，中美博弈、乌克兰危机等加剧了“集团化”倾向与“新冷战”氛围，导致韩国保障经济安全的意识增强。虽然韩国强调以价值观为基础的经济合作原则，在中美之间似乎更加“倾向”美国，但也并非要与中国完全划清界限，尹锡悦政府也表示希望进一步加强中韩合作、对华发展互惠关系。韩国对中美问题的利益诉求是极其复杂的，其奉行的“安全依靠美国，经济依靠中国”的外交政策在短期内侧重可能有所变化，但长期看来仍会尽可能在中美之间寻求平衡。

---

① 王箫轲、朴东吉：《中美贸易摩擦对韩国的影响与韩国的应对——兼论中韩经济合作的趋势》，《当代韩国》2019 年第 4 期。

② 张静：《韩国对华 28 年贸易顺差不保?》，环球网，2022 年 7 月 13 日，https://finance.huanqiu.com/article/48nvKjVP5nm，访问日期：2022 年 7 月 20 日。

（二）韩国试图参与塑造未来国际新秩序，谋求实现“大国化”目标

近些年随着国家力量的对比消长，以美国为代表的部分西方发达国家大肆推行民族主义与保护主义，国际话语权与影响力有所下降；以中国为代表的新兴国家群体在国际事务中扮演着积极角色，作用与地位越发不容忽视，旧有的国际政治经济秩序面临有效性危机，更加公正合理的国际新秩序正在孕育之中。面对新形势，韩国从自身实际出发，希望通过进一步强化自身经济安全，为参与塑造国际政治经济新秩序、实现“大国化”目标奠定基础。

第一，韩国国家实力与国际影响力的提升。据统计，2021 年，韩国国内生产总值达到 1.798 万亿美元，同比增长 4.0%，位居世界第 10 位；人均 GDP 为 3.52 万美元，位居世界第 27 位；贸易总额达到 1.26 万亿美元，位居世界第 7 位。[①] 据国际协会联盟（UIA）统计，韩国曾于 2015 年举办 891 次国际会议，跃居世界第二位，仅次于美国。[②] 随着国家经济的不断发展，韩国综合国力也得以迅速提升，希望在国际事务中发挥更重要作用的意愿也日益强烈。

第二，韩国中等强国身份亟须巩固与充实。朝鲜战争结束后，韩国与美国缔结不对称同盟关系，以自主利益换取国家安全保障，造成了当前韩国经济与政治发展不平衡的现实。冷战结束后，日益增强的国家实力与突破韩美同盟的对外张力，共同推动韩国追求更高层次的

---

① The World Bank, accessed July 18, 2022, https://data.worldbank.org/country/korea-rep?view=chart.

② 杨青：《韩国位列全球会议排名亚军》，新华网，2016 年 7 月 11 日，http://korea.xinhuanet.com/2016-07/11/c_135503961.htm，访问日期：2022 年 7 月 20 日。

发展目标，即“中等强国”目标。在这一过程中，大致经历了四个时期。其一，“中等强国”身份认知期。金泳三政府（1993—1998 年）正式树立了对自身“中等强国”身份的认知，明确了韩国希望日后积极参与国际事务的愿望。其二，“中等强国”身份实践期。金大中政府（1998—2003 年）在 1999 年外交白皮书中进一步明确自身“中等强国”定位。卢武铉政府（2003—2008 年）强调自身在东北亚地区的“桥梁”作用，着力打造“东北亚平衡者”的地区角色。其三，“中等强国”身份塑造期。李明博政府（2008—2013 年）提出“全球韩国”战略，积极活跃于发展援助、国际安全等领域，将中等强国目标由地区层面向全球层面转移。朴槿惠政府（2013—2017 年）积极促进中等强国集团化，成立中等强国合作体（MIKTA）。其四，“中等强国”身份巩固期。文在寅政府（2017—2022 年）致力于缓和半岛南北关系，进一步扩展中等强国经济版图，提出“朝鲜半岛新经济地图构想”“新北方政策”及“新南方政策”。[①] 尹锡悦政府（2022 年至今）通过强化经济安全保障以巩固并充实中等强国地位，进而实现其地缘政治目的与全球枢纽国家构想。

① 邢丽菊、安波：《韩国中等强国领导力的发展演变及特征》，《复旦国际关系评论》2020 年第 2 期。

表 1　韩国中等强国身份建构路径演进

身份认知期	金泳三政府（1993—1998 年）	正式树立了对自身“中等强国”身份的认知，明确了韩国希望日后积极参与国际事务的愿望
身份实践期	金大中政府（1998—2003 年）	在 1999 年外交白皮书中进一步明确自身“中等强国”定位；强调自身在东北亚地区的“桥梁”作用，着力打造“东北亚平衡者”的地区角色
	卢武铉政府（2003—2008 年）	
身份塑造期	李明博政府（2008—2013 年）	提出“全球韩国”战略，将中等强国目标由地区层面向全球层面转移；积极促进中等强国集团化，成立中等强国合作体
	朴槿惠政府（2013—2017 年）	
身份巩固期	文在寅政府（2017—2022 年）	缓和半岛南北关系，进一步扩展中等强国经济版图，提出“朝鲜半岛新经济地图构想”“新北方政策”及“新南方政策”；强化经济安全保障以巩固并充实中等强国地位，实现其地缘政治目的与全球枢纽国家构想
	尹锡悦政府（2022 年至今）	

资料来源：作者参考以下文章总结梳理。邢丽菊、安波：《韩国中等强国领导力的发展演变及特征》，《复旦国际关系评论》2020 年第 2 期。

（三）韩国为响应美国经济安全战略调整，巩固深化韩美同盟关系

美国对韩国在价值观、意识形态以及外交理念等方面影响深远，韩美同盟是韩国开展外交与安全保障的轴心，强化经济安全作为保障国家安全的重要组成部分，也必然以巩固和充实韩美同盟关系作为基本目标。

首先，对美国经济安全战略新调整予以响应。2017 年美国《国家安全战略》报告指出，“经济安全就是国家安全”，① 特朗普政府将维

① The White House, *National Security Strategy of the United States of America*, December 2017, p. 17, accessed July 9, 2022, http://nssarchive.us/wp-content/uploads/2020/04/2017.pdf.

持美国在经济领域的绝对优势地位提升至国家安全高度，“经济问题安全化”现象越发凸显。拜登上台后基本延续上任政府的经济安全战略，将经济安全视为美国国家安全的核心，强调“要全力应对不公平的、非法的以及强制的经贸行为”。[①] 2022 年 5 月 23 日，“印太经济框架”（IPEF）正式启动，其实质是美国“印太战略”在经济领域的延伸，旨在补充“印太战略”在经济领域的短板。可见，美国对国家经济安全问题的关切进一步升级，经济安全泛化程度进一步提升。韩国作为初始成员国顺利加入“印太经济框架”“经济安全朋友圈”，积极响应美国安全战略以谋求自身经济安全。

其次，进一步巩固深化韩美同盟关系。2022 年 5 月 20 日，拜登抵韩首站参观三星电子半导体工厂，此举被认为标志着“韩美技术同盟”的正式启动，双方将在芯片技术、人工智能以及新能源等领域加强合作。韩美技术同盟是两国在已有的价值观同盟、军事同盟及经济同盟的基础上，在科技领域建立的新型同盟关系，其实质是西方“民主”意识形态指导下，美国及其伙伴国家在新科技革命中争夺新科技霸权的联盟新形态，通过所谓的排他性“技术多边主义”框架实现多个技术领域的联盟构建。[②] 此外，韩美同盟逐渐由地区同盟向全球同盟转型。韩美首脑会谈提出建立“全球全面战略同盟关系”，将韩美同盟提升至全球层面高度，未来将在网络安全、应对气候变化等全球性议题领域开展广泛合作，逐渐由传统安全扩展至非传统安全领域。随着韩美同盟的合作深度与广度不断延伸，尹锡悦政府强化经济安全

---

① The White House, *Interim National Security Strategic Guidance*, March 2021, p. 20, accessed July 9, 2022, https://nssarchive.us/wp-content/uploads/2021/03/2021_Interim.pdf.

② 唐新华：《西方“技术联盟”：构建新科技霸权的战略路径》，《现代国际关系》2021 年第 1 期。

也是为适应新型韩美同盟关系奠定物质基础，以期在新形势下能够确保本国既得利益的基础上，在国际新秩序中争取并占据优势地位。

三、韩国强化经济安全保障的重点措施与前景研判

在大国竞争加剧、地区冲突不断以及疫情冲击的多重压力下，全球产业链、供应链面临断裂与重构的现实，国际政治经济秩序正处于大变革与大调整的关键时期。韩国为维护自身经济利益、参与并引领国际规则重塑，不断强化国家经济安全保障，这一举动也必然对韩国国内与国际关系走向产生深远影响。因此，对韩国强化经济安全保障的前景进行探讨与思考意义重大。

（一）强化供应链安全，增强供应链弹性与韧性

近年来，由于中美贸易摩擦不断加剧、新冠肺炎疫情暴发以及乌克兰危机导致战略资源短缺等事件的发生，全球供应链紊乱问题愈演愈烈。因此，韩国开始从经济安全角度出发，重新审视供应链安全问题，力图通过采取一系列措施强化供应链安全以保障其经济稳定运行，进一步增强韩国经济发展的韧性与自主性。

首先，强化供应链安全保障政策。其一，发布《材料、零部件和设备 2.0 战略》。2020 年 7 月 9 日，韩国发布该战略，从产品数量看，在针对日本的 100 项国产化战略产品基础上增加了与美国、欧洲及中国等相关的供应链管理核心产品，总数增加至 338 个。[①] 从产品种类

① 《韩政府推新政扶持材料部件设备产业发展》，韩联社，2020 年 7 月 9 日，https://cn.yna.co.kr/view/ACK20200709000800881?section=search，访问日期：2022 年 7 月 20 日。

看，由原有的半导体、汽车及电子电器扩大至能源、生物等新兴领域。其二，对内加大税收优惠力度，对外扩展新的海外生产基地。为保证韩国企业供应链平稳运行，减少企业遭受原材料供应短缺的风险，韩国“2023年经济政策方向”指出，为确保核心矿产资源，将加强对海外资源开发投资的财税支援。具体包括：企业为取得矿权等无形资产，由外国法人出资、融资的，将研究给予税额抵扣优惠；对从事资源开发的海外子公司，放宽其股息不计入利润的比例；韩国石油公社计划将油田开发的出资比例从现行的12%提高至20%，勘探项目出资比例从30%升至40%；由国内母公司进行债务担保的海外子公司进行资源开发失败时，将把坏账认定为损失，以减轻企业税金负担等。[①] 同时，在东盟国家开拓新的海外生产基地。据统计，2016—2020年韩国对东盟国家的直接投资约为317亿美元，相较于2011—2015年提高了74.2%。其中，韩国作为越南最大的外商直接投资来源国，在越投资项目多达9288个，投资总额超过790亿美元，占外国对越投资总额的18.5%，覆盖电子产业、加工制造业及纺织业等多个领域。[②] 其三，探索“韩国版印太战略”。面对美国提出的“印太战略”，韩国认为拜登政府拉拢盟友合作将造成阵营对抗甚至冲突，为地区稳定及国际秩序带来不确定性，韩国不能同美国一样将中国完全排斥于“印太战略”之外，因此应当探索一套符合本国利益的“韩国

---

① 《韩国将加强对海外资源开发投资的财税支援》，中华人民共和国商务部，2022年12月23日，http://kr.mofcom.gov.cn/article/jmxw/202212/20221203375197.shtml，访问日期：2023年2月14日。

② 《越南将优先吸引高科技和创新领域的外商投资项目》，中华人民共和国商务部，2022年6月20日，http://hochiminh.mofcom.gov.cn/article/jmxw/202206/20220603320227.shtml，访问日期：2022年7月20日。

版印太战略”。此外，韩国还积极健全完善经济安全保障职能部门。2022 年 5 月 30 日，韩国“经济安全外交中心”成立，该部门旨在时刻监测供应链运行动向，降低国家经济安全面临的系统性风险，为政府政策制定与企业经营提供帮助。

其次，积极加入多个国际联盟组织。2021 年 5 月 11 日，韩国为确保自身在半导体领域的优势地位、寻求更大规模的经济利益而加入美国半导体联盟（SIAC）。2022 年 5 月 23 日，韩国作为初始成员国加入“印太经济框架”以谋求增强供应链弹性、实现供应链稳定化与多元化。2022 年 6 月 15 日，韩国参与由美国主导的“矿物安全伙伴关系”（MSP），旨在保障锂、镍以及钴等关键矿物的供应，为实现供应链多元化奠定基础。

近年来，韩国供应链政策调整呈现出主动性、多元化的特点。为降低中美博弈与新冠肺炎疫情造成的供应链环境波动的负面影响，韩国积极推动本国供应链的多元化转型以保障本国供应链安全。上述举措在一定程度上反映了韩国强化供应链韧性、增强经济自主性的政策思维，并且未来将逐渐走向成熟完善。

从国内影响来看，强化供应链安全的各项措施有助于增强韩国供应链韧性，提高抵御风险的能力。其一，韩国起初为应对日本出口管制而出台一系列关于材料、零部件和设备的政策措施，例如《材料、零部件和设备领域竞争力的强化对策》《产业技术研发制度的完善方案》《材料、零部件和设备领域的研发投资战略和创新对策》以及《材料、零部件和设备领域基础原创技术研发实施计划》等。近年来，韩国通过上述措施有效提高了国产化水平，将对日本供应链的依赖程度由 2017 年的 33.5%降低至 2021 年的 25%以下，实现了技术竞争力与技术自主性的提升。自2020年至2022年，韩国政府对材料、零部件和设备、生物以及未来汽车等领域的政府研发预算逐年提高。[①] 未来，韩国仍将继续加大对关键领域的技术研发投资，以经济安全为立足点，构建更高层次的全球供应链体系。其二，受供应链危机影响，韩国开发研究院在《2月经济动向》报告中指出，由于出口降幅持续扩大、内需复苏势头趋弱，韩国经济增长进一步放缓。[②] 韩国积极开拓海外生产基地，试图推动全球供应链轴心向东盟转移，缓解供应链危机。虽然韩国这一举措有助于分散供应链断裂风险，但需意识到中国作为全球唯一具备联合国产业分类中全部工业门类的国家，产业链完整、产业集群优势明显以及基础设施完善，并且在短期内无法被他国取代的现实。[③] 同时，当前东盟的生产优势仍主要集中于传统劳动密集型产业，未来同样会面临劳动力、土地价格等成本因素上涨的局面。在产业转移过程中，韩国应当引导本国企业遵循比较优势原则与市场原则，在寻求企业利益最大化的前提下保障供应链安全。其三，美国推行“印太战略”的根本目的是维护自身霸权，其他国家追随“印太战略”也是出于各自不同国家利益的考量。韩国参与“印太战略”的目的是维护并扩大国家利益，若韩国完全跟随美国步伐将会对中韩关系以及地区稳定带来负面影响，不利于韩国国家利益最大化，未来韩国选择直接针对中国的可能性较小，更可能倾向于在平衡各方

① 张翼燕、陈奕彤、郑思聪：《韩国加强材料、零部件和设备领域竞争力的典型做法探析》，《全球科技经济瞭望》2022年第4期。

② 《出口低迷内需走弱致经济放缓》，韩联社，2023年2月7日，https://m-cn.yna.co.kr/view/ACK20230207003700881?section=economy/index，访问日期：2023年2月14日。

③ 李婕：《中国成为唯一拥有全部工业门类国家》，《人民日报海外版》2019年9月21日，第3版，http://paper.people.com.cn/rmrbhwb/html/2019-09/21/content_1947367.htm。

关系与利益的基础上，寻求“韩国版印太战略”的最优解。

从国际影响来看，强化供应链安全的各项措施将加速亚洲区域供应链重构进程，加剧全球供应链内部化趋势。由于中国劳动力成本上升等因素，韩国采取鼓励企业回流及生产基地多元化等政策以强化供应链的“中国”风险管理、降低对华依存度，韩国企业不断向生产成本更加低廉的第三国迁移，客观上会推动各国在供应链布局中的位置与作用变化。但中国仍然是韩国最大贸易伙伴的客观事实没有改变，韩国对外依赖型的贸易结构在短期内也无法改变。在保障自身供应生态体系的前提下，韩国分散供应链风险、促进供应来源多元化等各项强化本国经济安全的举措将有助于应对供应链中断问题，为本国企业提供一个相对稳定可控的生产经营环境。但同时也在客观上促进区域供应链重心逐渐由中国向东盟转移，推动亚洲区域供应链的重构与整合。此外，韩国参与由美国主导的多个供应链相关的国际联盟可能会在新兴技术等方面造成对非成员国的排挤，不利于技术交流与合作且破坏供应链合作氛围，导致全球供应链“集团化”“内部化”趋势加剧。

（二）追求大国化目标，争取国际规则制定主动权和参与高科技竞争

新形势下参与和引领国际政治经济秩序的重塑，掌握国际规则话语权，在日益激烈的国际竞争中维护并扩大本国利益，是评价国家实力与国际地位的重要标准。面临百年未有之大变局，韩国希望通过争取国际规则制定主动权和参与高科技竞争等措施来强化经济安全保障，进一步增强国家实力与影响力，为巩固自身“中等强国”身份、

实现“大国化”目标奠定基础。尹锡悦政府“经济安全保障时代”概念，强调除尖端科技领域加强同美国的合作之外，还应积极主动扩大国际合作对象范围，打造多元化的合作网络。2022年6月，尹锡悦参加北约峰会并与多位欧洲国家首脑进行双边会谈，就半导体、核电及军工等领域展开广泛讨论，开展以经济安全议题为主的外交活动。此外，韩国希望通过加入美国主导的技术同盟来提升自身技术优势，深度参与全球高科技竞争。由此可见，韩国通过强化经济安全，不断扩大与其他国家在新兴安全领域的国际合作，体现出其参与和引领国际规则重塑的愿望与野心。

值得注意的是，未来韩国“中等强国”地位能否得以巩固、“全球枢纽国家”构想能否实现取决于多重因素，仍有待进一步观察。

其一，韩国战略意图的实现取决于政策稳定性与连续性。韩国总统任期为五年且不得连任，若保守阵营与进步阵营轮流执政，则有可能频繁改变甚至推翻上任政府的政策，导致政策执行缺乏稳定性与连续性，政策效果不佳。例如在国家角色定位方面，文在寅政府侧重于巩固“中等强国”身份，充当地区矛盾调停者，协助大国稳定地区秩序。尹锡悦政府则对外交政策做出较大调整，确立“全球枢纽国家”的总体外交定位，强调韩国应以韩美同盟为基础在国际事务中发挥与自身实力、影响力相匹配的作用。[①] 韩国国内政权更替带来的外溢效应也会影响其“大国化”目标的实现，如何保障政策连续性、确保政策平稳落实，成为韩国追寻“全球枢纽国家”目标道路上亟须思考与

① 王付东：《韩国尹锡悦政府外交政策探析》，《和平与发展》2022年第3期。

解决的问题。[①]

其二，韩国“中等强国”地位的巩固取决于国内经济与社会发展状态。近年来，韩国最为典型的社会经济问题便是就业难。韩国经济研究院分析认为，韩国就业市场存在两大痼疾。一是个体经营行业饱和。据统计，韩国个体经营企业在全部企业中的占比达到 24.6%，在经济合作与发展组织（OECD）国家中仅低于哥伦比亚、墨西哥、希腊等国，排名第六。这些个体经营企业具有行业集中度高、利润率低以及抗风险能力弱等特点，导致其就业岗位供给能力有限、受新冠肺炎疫情冲击严重。二是中小企业成长速度慢。据统计，相比于经济合作与发展组织其他主要国家，韩国大企业数量明显偏少。以德国为例，德国每 1 万家企业中有 44 家大企业，而韩国只有 9 家。同时，韩国中小企业在薪资待遇方面对就业者明显缺乏吸引力，在员工培训等人力资本方面的投入也不足，这些因素导致 2021 年韩国国民中放弃就业的人数达到 62.8 万人，创下 2014 年以来历史新高，企业“用人难”与青年“求职难”并存。[②] 尹锡悦主张通过民间与市场主导的经济模式来发掘韩国经济增长潜力，以企业发展为基础带动创造就业岗位，政府将果断改善削弱企业竞争力的制度为其保驾护航。目前，尹锡悦政府的各项相关政策的具体落实情况和实施效果仍有待观察。

其三，韩国“全球枢纽国家”构想的实现取决于其如何有效应对国际秩序的大变革。当前，国际政治经济秩序正处于大调整与大变革

---

① 邢丽菊、安波：《韩国中等强国领导力的发展演变及特征》，《复旦国际关系评论》2020 年第 2 期。

② 杨明：《韩国就业市场喜忧参半“面对面服务行业”受冲击》，《经济日报》2021 年 10 月 5 日，第 4 版。

时期，韩国周围大国环伺，地缘政治环境复杂且敏感。尹锡悦政府的外交政策明显区别于文在寅政府的“战略模糊”，逐渐走向“战略清晰”，并更加乐于从意识形态角度出发处理国际关系，加强与美国、欧盟及日本等“西方阵营”的对话合作，“战略倾斜”与阵营化色彩日益显现。韩国作为处于大国博弈交汇处的国家，能否发挥国家智慧以平衡各方利益，直接关系到其国家目标与诉求能否实现。

韩美技术同盟的未来充满不确定性。韩美技术同盟的启动是两国侧重于不同战略考量的结果。美国旨在保持自身技术领先性、维护全球霸权地位；韩国旨在保护本国经济与核心技术安全、提升国际话语权。这种建立在不同利益关切基础上的合作具有天然的不稳定性。其一，拜登政府技术联盟战略的有效性与连续性有待观察。拜登政府主张盟友以技术合作的形式分享美国技术成果，以此拉拢盟友参与战略博弈，共同打造排他性的技术生态体系。[①] 这意味着美国需要投入更多的科技、经济资源以保证联盟运行的稳定性，但美国曾强调“面对中国以及各种其他挑战，美国必须先‘整理好自己的屋子’以逐步恢复国内秩序、重振经济”，自身利益优先仍是未来拜登政府技术战略的核心。此外，美国两党轮流执政的制度体系，导致其政策连续性较差，无法确保下任政府是否能够延续落实技术联盟战略。其二，韩美技术同盟的意识形态色彩浓厚，易导致与现实利益脱节。美国认为，“世界具有‘领先’技术的‘民主’国家应率先为全球技术政策建立

① 余南平、戢仕铭：《西方“技术联盟”组建的战略背景、目标与困境》，《现代国际关系》2021 年第 1 期。

新的‘多边框架’”,[1] 该框架以技术遏制为出发点，以“民主联盟”为旗号，充满针对意味。[2] 事实上，中美韩三国互为重要贸易伙伴，在经济领域不乏共同利益。对韩国而言，美国无法替代中国在经贸领域的重要地位，若在科技领域同中国对抗将导致国家利益受损。[3] 对美国而言，中美两国经济互补性、依赖性强，具有“合则两利、斗则俱伤”的特点，竞争与对抗不符合各方现实利益。其三，韩国也在不断完善制度立法以保障自身技术安全。2022 年 2 月 3 日，韩国正式通过《关于加强和保护国家尖端战略产业竞争力的特别措施法》，于 2022 年 8 月 4 日正式实施。该项立法在原有的涉及核心技术、国防技术以及工业技术保护的基础上，进一步对战略技术[4]的保护做出详细规定，旨在通过创建国家尖端战略产业[5]的创新生态系统和加强产业的可持续发展，为国家经济安全与国民经济发展做出贡献。[6] 韩国将位于全球领先地位的半导体、二次电池及疫苗纳入国家核心技术范畴，进一步扩大受保护技术对象范围。同时，通过采取严格控制战略

---

① Kristen A. Cordell and Kristine Lee, “Harnessing Multilateralism for Digital Development,” Center for a New American Security, January 12, 2021, accessed July 18, 2022, https://s3.us-east-1.amazonaws.com/files.cnas.org/backgrounds/documents/CNAS-Report-Asia-HTI-Harnessing-Multilateralism-Final-1.pdf?mtime=20210105172420&focal=none.

② 凌胜利、雒景瑜:《拜登政府的“技术联盟”:动因、内容与挑战》,《国际论坛》2021 年第 6 期。

③ 凌胜利、雒景瑜:《拜登政府的“技术联盟”:动因、内容与挑战》,《国际论坛》2021 年第 6 期。

④ “国家先进战略技术”:简称为战略技术，是指对供应链稳定等涉及国家和经济安全、出口、就业等国民经济领域具有重大影响的技术。

⑤ “国家尖端战略产业”:简称为战略产业，是指研究、开发以及商业化战略技术，或者以战略技术为基础生产产品与服务并实现商业化的产业。

⑥ “Cabinet passes National High-Tech Strategic Industries Special Act,” Ministry of Trade, Industry and Energy, January 25, 2022, accessed July 18, 2022, http://english.motie.go.kr/en/pc/pressreleases/bbs/bbsView.do?bbs_seq_n=911&bbs_cd_n=2&currentPage=105&search_key_n=&search_val_v=&cate_n=.

技术的出口审批、技术持有者的海外并购等技术保护手段，强化国家技术安全与经济安全。可见，韩国在与美国缔结技术同盟的同时，也在不断加强对自身技术安全的维护。虽然韩国为保障自身经济与国家安全，在政策上体现出追随美国的一面，同盟关系围绕大国竞争进行持续转型与升级、日益走向全面成熟，但长期来看，韩国无法完全对华脱钩，仍会谋求多边平衡。

（三）贸易投资市场多元化，落实“中国+1”战略

近年来，韩国为保障国家经济安全，进一步降低在核心材料等关键领域的对华依赖程度，积极挖掘其他国家市场潜力，推动落实“中国+1”战略，促进本国贸易投资市场多元化。首先，对美国主导的“印太经济框架”采取追随战略。在2021年10月拜登政府提出“印太经济框架”构想后，韩国产业通商资源部（以下简称“产业部”）就于当年12月成立了“印太经济框架应对工作组”，从国家利益最大化角度讨论韩国的政策目标，并初步确定将积极参与基础设施、清洁能源、数字经济以及供应链弹性等领域的合作。此外，韩国产业部还建立“印太经济框架”民官战略会议机制，[①] 作为沟通渠道以积极听取业界和专家学者建议，及时共享“印太经济框架”动向、共同探讨“印太经济框架”推进战略。其次，顺利加入《区域全面经济伙伴关系协定》（RCEP）。为进一步扩大国家贸易合作“朋友圈”，增强国家经济活力与企业国际竞争力，降低新冠肺炎疫情对经济造成的冲击，

① “MOTIE Launches Public-private IPEF Joint Strategy Session,” Ministry of Trade, Industry and Energy, June 27, 2022, accessed July 18, 2022, http://english.motie.go.kr/en/pc/pressreleases/bbs/bbsView.do?bbs_seq_n=1001&bbs_cd_n=2&currentPage=185&search_key_n=&search_val_v=&cate_n=.

韩国于2021年12月2日正式通过《区域全面经济伙伴关系协定》，并于2022年2月1日正式生效。最后，申请加入《全面与进步跨太平洋伙伴关系协定》（CPTPP）。此前，文在寅认为，进入后疫情时代，全球贸易保护主义将会持续升温，市场竞争的激烈程度将会加剧，韩国有必要进一步促进贸易投资市场多元化。韩国经济长官会议于2022年4月15日正式通过有关加入《全面与进步跨太平洋伙伴关系协定》的各项计划，文在寅政府在离任前正式提交了加入《全面与进步跨太平洋伙伴关系协定》的申请。

“印太经济框架”方面，在韩国看来，追随美国作为初始成员国加入“印太经济框架”是其缓解企业困境、拉动经济增长及塑造国家形象的良好机遇，有助于从早期开始参与新贸易秩序与规范的构建并积极发挥主导作用。在美国看来，韩国日益增强的综合实力与国家影响力是其落实“印太经济框架”的有力抓手，将对吸引其他国家参与“印太经济框架”具有积极示范作用。在中韩合作方面，从合作领域角度看，预计未来一段时间内，两国只能在中美具有共同利益或美国不关心的领域进行合作，例如绿色工业、公共卫生等。从地区角度看，相较于中国，韩国更趋向于在第三国供应链问题上与中国进行合作，例如《区域全面经济伙伴关系协定》、《全面与进步跨太平洋伙伴关系协定》、东盟经济共同体等，尹锡悦政府还曾主张推进“韩国—东盟ABCD战略”，[①] 在东盟地区内部谋求供应链的多样化以保障经济安全。但从长期来看，韩国仍会选择发展同中国的双赢互惠的双边关

① “韩国—东盟ABCD战略”：尹锡悦主张在“韩国—东盟相生连带构想”层面上推进“韩国—东盟ABCD战略”，“ABCD”是指活跃的人力资本交流、有活力的健康医疗合作、双向文化交流以及构建数字亚洲。

系，正如韩国外长朴振此前在二十国集团外长会议上所强调的，“韩中两国有必要在相互尊重和积累互信的基础上构建平等的伙伴关系”，[①] 这体现出韩国对华外交基调朝向平衡与合作发展的信号。

在全球贸易保护主义抬头的大背景下，韩国加入《区域全面经济伙伴关系协定》的举措有助于本国优化外部贸易环境，提升社会福利水平。随着《区域全面经济伙伴关系协定》的深入推进，成员国之间商品关税取消比率将达90%以上。韩国电子、汽车以及机械制造等关键产业的国际竞争力将进一步增强，产品出口贸易将更加高效便利。韩国经济研究院发布研究报告表明，在《区域全面经济伙伴关系协定》生效后15年内，韩国机械产业出口平均每年将多增长7%左右，石油化学产业出口平均每年将多增长3.9%左右，整体出口规模平均每年将多增加3.8%左右。同时，据韩联社报道，2021年上半年韩国面临来自28个国家的进口限制措施多达216项，从类型来看，反倾销件数最多（160件，74.1%），其次是保护措施（47件，21.7%）和补偿关税（9件，4.2%）。从行业来看，对钢铁、金属的进口限制最多，达106件（反倾销81件、补偿关税9件、保护措施16件）。[②]《区域全面经济伙伴关系协定》在韩国的生效有助于减少韩国对外贸易的阻力与不确定性，并且将带动国民实际收入与社会福利水平的进一步提升。在《区域全面经济伙伴关系协定》政策红利下，韩国人均实际收入与就业岗位数量将有所上升，平均每年将增加约10.87亿美

---

① 《韩外长朴振：推进对华平等外交理所当然》，韩联社，2022年7月11日，https://cn.yna.co.kr/view/ACK20220711003200881?section=politics/index，访问日期：2022年7月17日。

② 《韩国面临28国216项进口限制措施》，韩联社，2022年6月29日，http://kr.mofcom.gov.cn/article/jmxw/202106/20210603171471.shtml，访问日期：2022年8月7日。

元的额外福利。[①] 此外，《区域全面经济伙伴关系协定》有利于韩国推进“新南方政策”，深化同东盟的合作伙伴关系。尹锡悦政府上台后，进一步提高对东南亚国家的重视程度，试图将聚焦经贸合作的“新南方政策 1.0”转向覆盖经济、安全保障等多领域的 2.0 版本。[②]《区域全面经济伙伴关系协定》的实施将进一步拓宽韩国与东盟国家的经贸合作空间，为未来多领域、多层次合作奠定经济基础，为东亚整体区域合作注入新动力。值得注意的是，韩国加入《区域全面经济伙伴关系协定》使其在获得新发展机遇的同时，也面临着一定的挑战。《区域全面经济伙伴关系协定》作为首个将中日韩全面纳入的自贸协定，为未来区域贸易发展奠定了竞争与合作并存的基调，三方在电子和电气设备、运输和仓储等行业均具有较强的国际竞争力，未来有可能进一步加剧行业竞争。[③] 如何在其中充分发挥自身比较优势、寻求新的经济增长点来保障经济安全，是韩国当前亟须思考的问题。此外，中日韩由于历史遗留问题仍彼此心存芥蒂，政治互信基础薄弱。中韩关系曾由于“萨德”问题降至“冰点”，虽然文在寅政府上台后，双边关系逐渐缓和，但该问题并未从根源上得以解决。日韩关系由于独岛（竹岛）归属问题与“慰安妇”问题一度陷入僵局，[④] 双边关系敏感且脆弱。在《区域全面经济伙伴关系协定》框架下，韩国不仅需要处理好经济合作问题，更要增强与主要国家的政治互信，推动中日韩

① 汤志贤：《RCEP 推动韩国全面融入东亚区域经济一体化》，经济观察网，2022 年 1 月 28 日，http://www.eeo.com.cn/2022/0128/520393.shtml，访问日期：2022 年 8 月 9 日。

② 笪志刚：《韩国“新南方政策”正转向 2.0 版?》，环球网，2022 年 6 月 27 日，https://3w.huanqiu.com/a/de583b/48aSDXuR6kY，访问日期：2022 年 8 月 9 日。

③ 刘文：《RCEP 框架下的中日韩产业合作》，《亚太安全与海洋研究》2021 年第 3 期。

④ 赵春江、付兆刚：《RCEP 与深化中日韩贸易合作的机遇与挑战》，《东北亚论坛》2021 年第 6 期。

“小多边”与《区域全面经济伙伴关系协定》“大多边”的互惠互利。

目前，韩国已经正式提交了加入《全面与进步跨太平洋伙伴关系协定》的申请，接下来韩国将继续与现有成员国进行磋商与谈判。未来如果韩国成功加入《全面与进步跨太平洋伙伴关系协定》，《区域全面经济伙伴关系协定》与《全面与进步跨太平洋伙伴关系协定》两项自贸协定之间的成员重叠性将进一步提高，韩国的双重制度身份有利于其选择水平更优、更加符合本国利益的制度规则予以执行，享受更多的制度规则红利。[①] 但是，《全面与进步跨太平洋伙伴关系协定》作为一项由日本主导的多边自由贸易协定，也是日本实现本国经济复苏、争夺区域规则主导权的重要战略工具。韩国能否顺利加入《全面与进步跨太平洋伙伴关系协定》在很大程度上受到日本态度的影响，日韩关系的不确定性可能会成为韩国加入《全面与进步跨太平洋伙伴关系协定》道路上的一大障碍。日本或出于维护自身主导权的战略考量，不支持韩国加入《全面与进步跨太平洋伙伴关系协定》；或借此机会让韩国在两国存在分歧的问题上做出妥协与让步，换取日本对韩国加入《全面与进步跨太平洋伙伴关系协定》的“赞成票”。对此，韩国应当保持与成员国之间的密切接触与沟通，对多边关系及日本动向保持审慎态度。

四、结语

近年来，中美战略博弈、疫情冲击以及乌克兰危机加速了国际力

① 孙忆：《CPTPP、RCEP 与亚太区域经济一体化的前景》，《东北亚论坛》2022 年第 4 期。

量对比的变化。韩国不断强化经济安全，意味着其国家安全战略的逐渐深化，根本目的在于维护自身经济利益、实现国家长期战略目标，推动国际规则朝着有利于韩国的方向重塑，并侧面体现出韩国对当前国际形势变化所做出的判断与应对。虽然尹锡悦政府的政策倾向于以美国为代表的“西方阵营”一侧，但由于双方利益并不完全一致、中韩两国无法完全脱钩，韩国必然加强对自身经济安全的保护、增强经济自主性，在大国之间寻找最有利的立足点。当前，韩国已不满足于“中等强国”的身份定位，希望在进一步巩固强化中等强国实力的基础上，实现“全球枢纽国家”的战略构想，在国际规则塑造以及国际事务中拥有更多话语权、发挥更大作用。

时值中韩两国建交 30 周年之际，作为彼此“永远搬不走的邻居”，尽管当前韩国具有降低对华经济依赖的趋向，但中韩双方互为重要经贸伙伴的现实没有改变，同时两国在安全、人文等领域的合作基础深厚、潜力巨大。在百年未有之大变局中，两国保持并进一步扩大务实性合作，寻求更多共同利益，减少“萨德”问题、意识形态等地缘政治因素的牵绊，是最有利于双边关系健康发展的理性选择。未来中韩关系有可能会遇到波折或瓶颈，但合作与共同发展仍将是永恒主题，两国均有理由、有动力把握好建交“而立之年”的历史机遇，在已有的合作基础上推动中韩关系行稳致远。

《区域全面经济伙伴关系协定》下的东亚区域经济治理路径探索*

潘雨晨　陈志成**

摘　要　在百年未有之大变局下，东亚经济已经进入新的发展阶段，地区经济发展需要新的治理思路，《区域全面经济伙伴关系协定》（RCEP）凭借其高标准和包容性特征，为东亚区域经济治理提供了新的机遇。从机制来看，《区域全面经济伙伴关系协定》通过为区域产业链及供应链提供良好环境以及助力区域市场格局重构优化区域分工治理；通过金融合作和金融监管两个角度优化区域金融治理；通过提升地区直接投资和间接投资的便利化水平与有效性优化区域发展治理。在此基础上，中国可通过加强《区域全面经济伙伴关系协定》与"双循环"战略、数字人民币网络、"一带一路"倡议等的连接，促进东亚产业链整合与升级，推进人民币在东亚的区域化进程，推动东亚基础设施网络建设，从而

* 本文得到国家社会科学基金青年项目"价值链视角下我国海外园区空间布局对'一带一路'高质量发展的影响研究"（20CJL016）；山东省社会科学基金青年项目"双循环下山东制造业全球产业链稳定性提升策略研究"（项目编号：21DJJJ13）的资助。

** 潘雨晨，山东大学国际问题研究院助理研究员；陈志成，山东社会科学院经济研究所助理研究员。

积极参与到《区域全面经济伙伴关系协定》下的东亚区域经济治理中。

关键词　《区域全面经济伙伴关系协定》；东亚经济；区域经济治理

当今世界已经形成了北美、东亚、欧洲三个区域性经济中心，其中东亚地区是最具活力和潜力的地区，地区内形成了联系紧密的产业分工和供应链网络，同时东亚也是中国深度参与并发挥作用的地区。2020年11月15日，经过31轮的正式谈判，《区域全面经济伙伴关系协定》（RCEP）正式签订，并于2022年正式生效。《区域全面经济伙伴关系协定》的签订和实施在中国、日本、韩国、新西兰、澳大利亚和东盟成员共15个国家之间形成了一个巨型自由贸易区（Mega-FTA），这也是全球最大的自贸区。在此过程中，《区域全面经济伙伴关系协定》不仅促进了东亚产业链重构，带动了地区内各国的共同发展，还在复杂多变的国际政治经济环境下为东亚区域经济治理提供了新的思路。基于此，本文重点关注在《区域全面经济伙伴关系协定》框架下的东亚区域经济治理框架和可行路径。

一、问题的提出与文献综述

“治理”（governance）的概念最早出现于20世纪80年代，其主要作用是应对由大范围失业、资源错配、财政赤字等所导致的政府效率缺失以及市场失灵等问题，并进行公共管理改革，[①] 从而令经济社会回归正常。早期西方对“治理”的运用主要集中于对地方事务的管理方面，[②] 但随着全球社会经济的发展，“治理”也被逐渐用于更广泛的国家、区域和全球层面。从内涵来看，根据全球治理委员会（The Commission on Global Governance）在其报告《我们的全球伙伴关系》（*Our Global Neighbourhood*）中给出的界定，治理是指各种公共和私人机构管理其共同事务的诸多方式的总和，它是使相互冲突或不同的利益得以调和，并且采取联合行动使之得以持续的过程，既包括有权强迫人们服从的正式制度和规则，也包括各种符合人们共同利益的非正式的制度安排。[③] 根据这一内涵，可以总结出治理的几个基本特征，即治理是对主体间行为的动态协调过程；治理中存在由一个或多个目标组成的价值导向；治理既涉及公共部门，也包括私人部门；治理是在正式或非正式制度安排下的持续行为。

在众多治理内容中，经济治理一直是各国极为重点关注的领域之一。由于研究层面的不同，目前学术界对经济治理的界定也有所差异。例如，在国家层面，有学者认为在开放经济条件下，一国经济治理指规范政府管理经济活动、有效配置市场资源的一系列体制机制、规则及程序，平等、共同地处理公共经济事务的过程，以实现在开放

① 蔡拓、杨雪冬、吴志成：《全球治理概论》，北京大学出版社，2016，第3—4页。

② 裴长洪、彭磊：《中国开放型经济治理体系的建立与完善》，《改革》2021年第4期，第2页。

③ The Commission on Global Governance, *Our Global Neighbourhood* (Oxford: Oxford University Press, 1995), p. 2.

型经济中增进国民福祉并保障国家安全的目标。[1] 在区域层面，区域经济治理指特定区域内及与此区域利益相关的国家及其延伸力量对这一区域内经济事务的联合管理与规范行为或措施；[2] 在全球层面，全球经济治理是要形成一套使世界经济作为相互联系的有机整体进行规律性发展的运行机制和制度安排，以经济体的相对实力为基础的较为稳定的经济行为准则。[3][4] 可见，从本质上来说，对经济的治理过程反映的是在国际政治权力结构和外部经济环境不断变化的情况下，如何建立和维护一个有利于增进各参与国利益的，科学、合理且安全的经济秩序的过程。

当前，世界处于百年未有之大变局，诸多因素冲击着原有的世界经济秩序：首先，在新冠肺炎疫情之下，全球产业链及供应链的断裂和收缩给各国带来了严重冲击；其次，部分国家为转移国内矛盾，不断强化地缘政治竞争，给全球经贸合作带来不确定因素；再次，美国以及部分国家奉行的单边主义和保护主义加剧了国际贸易投资的动荡；最后，部分国家使用国内法律干扰国际秩序和规则，打压包括中

① 裴长洪、彭磊：《中国开放型经济治理体系的建立与完善》，《改革》2021 年第 4 期，第 2—3 页；在国家层面下，还存在国内区域层面，早期的观点是将区域经济与地方经济画等号，且认为在既有地方政府层级的框架内，根据区域经济发展、自然生态以及人文建设等方面的需求，跨越行政区划边界，形成特定的组织安排，从而整合区域内资源，实现区域的可持续发展。参见邢俊、翟璇、柯海倩：《区域经济治理》，西南交通大学出版社，2017，第 4 页。

② 邹志强：《全球与区域经济治理语境下的海合会》，《亚非纵横》2013 年第 5 期，第 24 页。

③ 徐秀军：《金融危机后的世界经济秩序：实力结构、规则体系与治理理念》，《国际政治研究》2015 年第 5 期，第 82—101 页。

④ Siebert Horst. "The Concept of a World Economic Order," Kiel Institute for the World Economy, Kiel working paper, No. 1392, 2008, p. 3.

国在内的合作伙伴。[①②] 在这一背景下，经济全球化进程受阻，全球经济治理遇到瓶颈，其效率也大幅降低，各国间的合作也逐渐转向自身所处区域。因此，在区域范围内寻求科学有效的经济治理路径成为目前的热点问题。

对中国来说，东亚一直是对外合作过程中重点关注的地区，而东亚地区经济发展在不同时期也呈现出不同特征。自二战结束后，东亚就开始进入经济快速发展阶段。早期由于美国的扶持，日本实现快速崛起，并依据雁阵理论（The Flying-geese Model）和边际产业扩张理论对东亚其他国家和经济体进行生产分工和布局。[③] 在此基础上，东亚地区形成了“三角贸易”模式，即区域内较发达经济体向区域内其他后发经济体出口中间产品，并在其国（区域）内进行中间品的加工组装环节，最后把最终产品出口到美欧等发达国家。[④] 随后，从20世纪90年代开始，日本的“领头雁”作用逐渐弱化，而中国在东亚地区经济发展中所扮演的角色越来越重要。这使东亚地区逐渐由“三角贸易”模式向“新三角贸易”模式转变，即由其他东亚国家或地区生产并不断向中国出口中间品，后者从事产品最终生产环节的加工组装并将最终产品出口到欧美市场，从而形成“东亚生产—美欧消费”的结

① 杨娜：《全球经济治理机制的革新与探索——以RCEP的构建为例》，《国际经贸探索》2020年第12期，第68—69页。

② 潘雨晨：《突发事件对东亚产业链的影响及对策——以新冠病毒疫情为例》，《东亚评论》2020年第1期，第164页。

③ 小岛清：《对外贸易论》，周宝廉译，南开大学出版社，1987。

④ 刘洪钟：《超越区域生产网络：论东亚区域分工体系的第三次重构》，《当代亚太》2020年第5期，第137—158页。

构。[①②] 进入21世纪，尤其是2008年全球金融危机爆发以来，“10+1”（东盟+1）、“10+3”（东盟与中日韩）等众多区域合作机制纷纷建立，加强了域内各国间的经济关联，并在东亚地区形成了联系紧密的产业分工和供应网络。然而，地区间的贸易失衡问题也越发凸显，虽然通过地区内各经济体的共同调整，贸易失衡问题在一定程度上得到了缓解，但随着近年来贸易保护主义抬头、新冠肺炎疫情暴发、世界发展由“全球化”逐步转向“区域化”，东亚地区内外的市场与生产分工格局都再次出现巨大变动。[③]

综上所述，在国际政治经济环境纷繁复杂的当下，如何借助区域经济合作平台实现自身发展成为各国重点关注的问题，而这其中的关键问题是如何实现有效的区域经济治理。虽然基于不同层面，经济治理所展现的内容和特征会有所不同，但总体上都表现出围绕公共经济领域内的共同利益和目标，协调各经济主体行为活动的核心内涵。因此，本质上国际区域治理是在多个国家共处的地区内，基于区域内经济与权力结构以及区域发展特征，通过制定相应竞争合作机制和制度安排，动态协调各方经济政策与行为，形成合理稳定的国际区域经济秩序，为区域内公共经济领域内的活动提供基本行为准则，从而实现各方的共同利益。也可以说，国际区域治理具有共属性、合作性与共享性的基本特征。此外，从经济发展的进程看，东亚地区经历了不同的构建阶段，从低到高，从小到大，逐步提升，如今进入一个新的发

① 张蕴岭、潘雨晨：《新形势下的亚太区域经济发展与合作》，《亚太经济》2022年第5期。

② 刘洪钟：《超越区域生产网络：论东亚区域分工体系的第三次重构》，《当代亚太》2020年第5期，第137—158页。

③ 张蕴岭、潘雨晨：《新形势下的亚太区域经济发展与合作》，《亚太经济》2022年第5期。

展阶段。虽然东亚经济发展迅速，但地区内众多合作机制交织，形成“意大利面条碗效应”（Spaghetti Bowl Effect），降低区域经济的运行效率，[①] 同时域内国家之间以及域内国家和域外国家之间的摩擦也不断升级，这些都使改善东亚地区经济治理框架、探索有效治理路径成为亟待解决的问题，而《区域全面经济伙伴关系协定》的签订和实施则提供了一个新的思路。因此，本文的主要观点是，在《区域全面经济伙伴关系协定》框架下，结合东亚经济发展的现实情况，从区域分工治理、区域金融治理和区域发展治理三个具体角度分析和探索东亚区域经济治理路径，并在此基础上提出中国在治理过程中应当发挥的作用。

二、《区域全面经济伙伴关系协定》下东亚区域经济治理机制

《区域全面经济伙伴关系协定》包含了 20 个章节和 4 个协定附件，涉及货物贸易、服务贸易、贸易便利化、原产地规则、投资、知识产权、技术合作、中小企业、争端解决等领域。总体而言，《区域全面经济伙伴关系协定》不仅涵盖领域全面，还将高标准和包容性紧密结合。一方面，从内容来看，《区域全面经济伙伴关系协定》想要达到的最终目标符合高标准要求，如首次在东亚地区就多边电子商务合作达成较高水平的承诺、首次在多个领域内的投资中采用负面清单模式等；另一方面，《区域全面经济伙伴关系协定》也充分考虑了不

① 唐国强、王震宇：《亚太区域经济一体化的演变、路径及展望》，《国际问题研究》2014 年第 1 期，第 96—114 页。

同成员经济体的国情和能力，并采取差别化和渐进的进程安排，同时还首次在中国、日本、韩国三国之间建立自贸关系。[①] 可见，《区域全面经济伙伴关系协定》不仅在众多方面做出了机制性的创新，也为东亚区域经济治理奠定了良好基础，而这具体可以从区域分工治理、区域金融治理、区域发展治理三个方面展开。

（一）区域分工治理

《区域全面经济伙伴关系协定》下的东亚地区分工治理主要体现为对区域内产业链及供应链的治理。在东亚地区，商品或服务的生产过程依据各环节的增值能力和价值属性，按产业组织和地理空间的联系，分布在东亚地区各经济体中，并通过专业化生产、外包以及广泛的中间品贸易形成了链条化、网络化的生产体系。[②] 然而，如前文所述，虽然东亚地区内众多自由贸易协定促进了各国间的分工合作，提升了地区的开放程度，但不同规则之间的相互缠绕却阻碍了东亚地区生产分工的一体化发展进程。此外，东亚虽然与欧盟、北美并称世界三大生产网络，但与后两者不同的是，在《区域全面经济伙伴关系协定》签订之前，东亚地区并不存在一个统一的经济合作框架。相比之下，欧盟有欧洲共同体为其提供市场基础，且多年来在贸易、货币金融等领域内的合作也令欧盟具有较高的一体化水平；北美有《北美自由贸易协定》（NAFTA）以及后来的《美加墨协定》（USMCA）。缺乏经济合作框架使东亚地区一体化水平较低，无法有效整合地区内产业

① 潘雨晨、张蕴岭：《RCEP 与东亚经济发展》，《全球化》2022 年第 4 期，第 64—65 页。

② 刘中伟：《东亚生产网络、全球价值链整合与东亚合作的新走向》，《当代亚太》2014 年第 4 期。

链及供应链，“意大利面条碗效应”更会使区域内各国在进行生产分工合作时面临着相互牵制进而引起摩擦的困境。《区域全面经济伙伴关系协定》的实施为东亚地区内的贸易、投资和产业链分工合作提供了一套统一的制度安排和更好的制度环境，这不仅进一步促进域内各国高水平开放，更可以对全球经济治理规则提供重要补充。[①][②]

一方面，《区域全面经济伙伴关系协定》可以为地区产业链及供应链升级提供良好的区域环境。例如，《区域全面经济伙伴关系协定》在原产地规则方面不仅规定了区域累积原则和特定原产地规则，还规定了适度宽松的直接运输规则以及便利导向的原产地证明制度。[③] 这些规则在推动东亚地区由劳动密集、资本密集生产结构向技术密集、信息密集、数字密集生产结构转变的同时，有利于整合地区内现有分工网络，并由外部市场需求拉动向地区内需求驱动转变。在此基础上，《区域全面经济伙伴关系协定》对地区内贸易环境和投资环境的优化以及对市场的整合会有助于东亚地区形成“多领域—多领头雁”的分工模式，带动地区内各国和各经济体的共同发展。此外，基于知识产权相关条款，《区域全面经济伙伴关系协定》会推动地区内各经济体深化技术与创新合作，且随着产业集聚和市场内移，东亚产业链体系会表现出“内部化导向”的分工特征，从而在地区内形成更加安全可靠的供应网络。同时，由于自由贸易协定存在“多米诺骨牌效

---

① 潘雨晨、张蕴岭：《RCEP与东亚经济发展》，《全球化》2022年第4期，第66页。

② 隋广军、查婷俊：《贸易摩擦冲击下的全球经济治理体系变革——基于治理规则的视角》，《天津社会科学》2019年第3期，第109页。

③ 刘瑛、夏天佑：《RCEP原产地特色规则：比较、挑战与应对》，《国际经贸探索》2021年第6期。

应”(Domino Effect),[①] 因此,《区域全面经济伙伴关系协定》的实施会引起外部相关产业向东亚地区的转移,即形成“虹吸效应”,从而促进东亚产业链的进一步延伸。不仅如此,在《区域全面经济伙伴关系协定》框架下,通过对地区内生产分工的调整,东亚地区也更有促进地区产业链升级的动力。

另一方面,《区域全面经济伙伴关系协定》有助于东亚地区市场格局的重构。通过对现有各个自由贸易协定进行有机整合,在《区域全面经济伙伴关系协定》框架下东亚地区逐渐形成一个整体化的开放大市场。在这一市场中,既包括如日本、韩国、新西兰等发达国家,也包括如中国、缅甸、老挝、越南等发展中国家,而不同发展中国家之间也呈现出有梯度的发展结构。在市场需求多元化和生产要素多元化的基础上,《区域全面经济伙伴关系协定》框架下关于贸易自由化、投资便利化、投资保护和促进等方面的规则不仅可以充分发挥域内国家间的产业互补作用,促进各国之间的分工合作,提升东亚产业链和供应链的安全性和稳定性,也可以为域内各国提供巨大的近岸市场,从而缓解东亚地区所面临的贸易失衡问题。

(二)区域金融治理

自东亚开始形成以东盟为中心的合作框架以来,金融合作一直是各国重点关注的领域,20 世纪 90 年代亚洲金融危机的爆发以及危机中所暴露的国际货币基金组织救援不充分、部分国家自身流动性缺陷等问题更是为地区内的金融合作提供了充足的动力。因此,2000 年东

---

① Richard Baldwin, “Trade and Industrialization after Globalization’s Second Unbundling: How Building and Joining a Supply Chain are Different and Why It Matters,” NBER Working Paper, No. 17716, 2011.

盟和中日韩签署了第一个地区货币互换协议，即清迈倡议；在2008年全球金融危机之后，为加强清迈倡议的多边化进程，东盟与中日韩于2009年进一步签署了清迈倡议多边化协议；2021年，为进一步增强清迈倡议的可操作性和有效性，东盟与中日韩又形成了清迈倡议多边化协议特别修订稿。可见，在各国的不懈努力下，目前东亚在区域金融治理方面也取得了一定的成果，建立了区域性金融安排，但相比于欧盟等地区，东亚区域金融治理效率仍需不断提升。《区域全面经济伙伴关系协定》的实施主要从金融合作和金融监管两个角度优化东亚现有金融治理机制。

从金融合作角度来看，《区域全面经济伙伴关系协定》对东亚金融合作的促进表现在金融市场准入和金融服务贸易方面，主要体现为更高水平的金融开放。具体来说，在《区域全面经济伙伴关系协定》的附件A“金融服务”中，各国都对金融市场准入做出了较高水平的承诺，并采用了双轨制承诺的方式,[①] 即中国、新西兰、菲律宾、泰国、越南、老挝、缅甸、柬埔寨共8个成员国虽然最初仍会采用正面清单方式，但也承诺会逐渐转变为负面清单方式，从而与日本、韩国等其他域内国家保持一致。对东亚来说，各国在金融领域使用统一的负面清单方式是区域金融治理过程中的一大突破与改革，同时负面清单方式中的不可逆原则也使未来东亚地区金融市场将更加开放，有利于东亚地区金融业的长期发展。此外，在市场准入和国民待遇限制方面，《区域全面经济伙伴关系协定》提供的高水平承诺使区域内各国之间的金融合作更加便利。例如对银行服务，《区域全面经济伙伴关

① 郭明英、沈陈：《RCEP助推亚洲金融合作》,《中国金融》2021年第7期，第56页。

系协定》规定除了审慎措施，外国金融机构与签署主体业务往来均无限制；对证券服务，《区域全面经济伙伴关系协定》对跨境交付、境外消费方式均不设限；对保险服务，《区域全面经济伙伴关系协定》对外国金融机构的企业形式、经营范围与企业许可均无限制，且发放营业许可无地域或数量限制。[①]

从金融监管角度来看，《区域全面经济伙伴关系协定》首次对新金融服务、金融信息转移和处理等规则进行了明确的界定。其中，关于新金融服务，《区域全面经济伙伴关系协定》规定，在外国金融机构在东道国设立机构且遵循东道国法律法规及其他要求的前提下，对允许本国金融服务提供者提供的新金融服务，应当努力允许外国金融机构提供类似服务，而无须制定一部新的法律或修改现行法律；关于金融信息转移和处理，《区域全面经济伙伴关系协定》规定缔约方可以对信息转移与处理进行管理，但不得对日常运营需要的数据转移或信息处理采取限制措施。[②] 除此之外，《区域全面经济伙伴关系协定》还对金融监管透明度也达成了较高水平的承诺。具体来说，在坚持公平、合理、客观原则的基础上，《区域全面经济伙伴关系协定》要求各缔约方在信息及时公布、利害关系人的合法权利以及各类人性化规则与合理化规则等方面做出承诺。这不仅为东亚地区各国间的金融合作提供更加开放、便捷、透明的市场，也进一步增强了东亚金融系统的稳定性，提高了东亚区域金融治理效率。

---

① 张靖佳、史睿：《金融营商环境与 RCEP 推进亚太金融合作路径》，《南开学报（哲学社会科学版）》2022 年第 1 期，第 100 页。

② 刘旭：《RCEP 对金融领域的影响分析》，《中国外汇》2021 年第 9 期，第 39—40 页。

（三）区域发展治理

无论是对全球经济发展还是国际区域经济发展来说，发展都是各国最为关心的核心问题之一。解决贫困问题是发展治理最为重要的议题，但随着全球经济的发展以及各国市场的对接，发展治理的范围不仅局限于此，还拓展到基础设施网络构建、环境保护等方面。聚焦于东亚地区，《区域全面经济伙伴关系协定》对区域发展治理的促进作用将更多集中在基础设施建设领域。

基础设施的建设与完善是促进国家、区域乃至世界分工体系高效运转的重要保障，供应链的维护和升级离不开对基础设施网络建设的投入，因此 21 世纪以来，促进基础设施网络建设不仅成为国际区域发展的重要内容之一，也成为国际区域内国家间实现可持续发展合作，提升区域一体化水平的新型模式。虽然《区域全面经济伙伴关系协定》在其内容中并未设置与基础设施建设直接相关的条款，但作为高质量的自由贸易协定，《区域全面经济伙伴关系协定》中各个目标的实现以及《区域全面经济伙伴关系协定》框架下东亚经济的发展离不开地区内基础设施网络的高质量建设。一方面，东亚基础设施网络的建设离不开地区内投资的便利化条件以及投资的有效性，而《区域全面经济伙伴关系协定》中关于投资便利性、投资保护等方面的条款为东亚地区内的基础设施建设投资提供了良好的环境，有利于地区内开展基础设施建设工程承包等合作项目，促进东亚的整体发展；另一方面，东亚基础设施网络的建设离不开庞大的资金支持，除直接投资外，还有赖于地区内良好的金融投融资环境与渠道，《区域全面经济伙伴关系协定》关于降低关税壁垒以及促进金融服务高水平开放的条款有利于金融行业深度参与到传统基础设施以及绿色基础设施等重大项目中，这不仅可以促进东亚区域的可持续发展，还有助于推动金融机构可持续投资的布局以及行业高质量创新发展。[①]

三、《区域全面经济伙伴关系协定》下中国参与东亚区域经济治理策略

要实现《区域全面经济伙伴关系协定》下的东亚区域经济治理，不仅需要一个科学系统的机制框架，更需要域内各国的共同努力和相互协作。在东亚地区，中国不仅是一个经济大国，更是一个负责任的大国。因此，中国应当在地区内积极发挥自身的作用，助力域内各国实现共同发展，为东亚区域经济治理效率的不断提升提供中国对策。

（一）积极对接《区域全面经济伙伴关系协定》与“双循环”战略，促进东亚产业链稳定与升级

近年来，中国制造业的国际竞争力不断提升，在全球产业链中的位置也不断向中高端迈进，并且中国不仅具备较为完整的工业体系，还具有国内庞大的市场规模。此外，在东亚地区，国家间的要素禀赋差异和经济发展梯度不仅可以在供给侧为地区内的生产分工布局提供推动力，还可以在需求侧为地区内的营销布局提供拉动力。因此，中国可凭借现有优势，在东亚形成大市场的同时，积极对接《区域全面

① 金蕾、虞思扬：《RCEP 视角下我国对外投资项目高质量发展浅析》，中央财经大学绿色金融国际研究院，2022 年 6 月 29 日，https://mp.weixin.qq.com/s?__biz=MzI0MjU3Njg5MA==&mid=2247513080&idx=1&sn=a9413c7266761c77255472fd0ee563ad&chksm=e978cf6dde0f467b33ab91a2584bd34a332cb6338ef570bb27be59233cff47872e0560db8267&scene=27。

经济伙伴关系协定》与“双循环”战略，借助《区域全面经济伙伴关系协定》在贸易自由化、投资便利化、知识产权等方面的规则，将国内大市场与东亚大市场紧密连接，促进生产要素和商品的自由流动。在此基础上，注重与东亚地区发达国家和其他发展中国家之间的差异化分工合作路径，如与发达国家要更多关注高技术、高附加值环节的分工与合作；与发展中国家则要更多关注在中低技术或中低附加值环节的分工与合作，从而借助不同的合作模式在内外市场之间构建“共轭环流”的分工格局，形成国内和东亚之间的协同循环。这不仅可以提升东亚地区各国间的产业关联程度，鼓励其他国家借助中国大市场发展实现自身发展，也有利于增强东亚产业链及供应链的安全性与稳定性。

（二）积极对接《区域全面经济伙伴关系协定》与数字人民币网络，推进人民币在东亚的区域化进程

《区域全面经济伙伴关系协定》为东亚金融合作制定了开放包容的规则框架，中国应当利用好这一框架，积极将《区域全面经济伙伴关系协定》与数字人民币网络相对接，从而不断推进人民币的区域化进程。具体来说，从支付系统建设情况看，目前人民币跨境支付系统（CIPS）已经在东亚地区形成了一定布局，在东盟 10 国更是实现了全覆盖。[①] 在这一良好基础上，中国应当以《区域全面经济伙伴关系协定》和东亚市场为平台，以数字人民币网络为依托，借助金融服务进一步开放的契机，积极探索并开展离岸人民币业务，促进离岸人民币

① 冯彦明、张点：《RCEP 背景下中国—东盟金融合作》，《中国金融》2021 年第 16 期，第 89 页。

业务和在岸人民币业务在规则、制度等方面的对接。一方面，可先以中国自由贸易区或东亚次区域金融合作为试点，先行测试和使用数字人民币跨境支付系统，并加强中国与合作国之间在跨境支付方面的政策探讨和技术标准对接，从而形成先导效应，为未来在更大范围内推行数字人民币跨境支付系统奠定基础；另一方面，可尝试在东亚地区内与个别国家互通征信系统，并逐步扩大形成"东亚征信体系"。这一体系可首先针对开展海外业务的企业建立，在逐步覆盖到其他个体，从而为东亚区域金融治理提供更加充分的依托。

（三）积极对接《区域全面经济伙伴关系协定》与"一带一路"倡议，推动东亚基础设施网络建设

从地理层面来看，东亚与"一带一路"倡议具有诸多重叠，因此在推动东亚基础设施网络建设过程中，应当积极对接《区域全面经济伙伴关系协定》与"一带一路"倡议，有效推进各个项目的落地。具体来说，可将"一带一路"倡议下的丝路基金（Silk Road Fund）与亚洲基础设施投资银行（AIIB）、中国—东盟投资合作基金（CAF）以及各国商业银行间的区域化合作一道，搭建多层次的、灵活的东亚基础设施融资机制，以期通过该机制使大量中长期投资项目落地，从而不断完善东亚地区内的基础设施网络。此外，为了控制和防范国际区域内可能产生的政治安全、投资者保护机制、监管等方面的风险，在设立融资机制的同时也需要构建风险防范机制。一般来说，可以在上述区域性金融机构和投资基金内部，通过设置风险防范目标、协同各国投资立法、完善投资基金内部管理法律机制、构建投资者保护法律机制、创新法律监管模式等方面形成相应的基础设施投资风险防范

机制，从而在总体层面提升东亚区域发展治理效率。

四、结论与展望

综上所述，《区域全面经济伙伴关系协定》的签订和实施对东亚区域经济发展无疑会发挥重要的推动作用。在当前全球经济低迷、贸易摩擦不断、产业链及供应链断裂、地区内各国经济复苏乏力的情况下，借助《区域全面经济伙伴关系协定》优化东亚区域经济治理路径不仅可以为地区社会经济发展提供良好的屏障，极大程度降低域外国家对东亚生产和经贸活动的干扰，还可以在确保产业链及供应链安全稳定的基础上，为东亚各国的经济复苏注入新的活力，促进东亚地区的互利共赢。同时，东亚区域经济的发展也可在全球范围内起到引领作用，东亚成为世界经济的中心，会引起“东亚—欧洲—北美”生产格局的相应变动，最终推动世界经济发展进入新阶段。

然而，将《区域全面经济伙伴关系协定》与位于同区域的《全面与进步跨太平洋伙伴关系协定》（CPTPP）进行对比后可以发现，其在推进东亚区域经济发展、优化区域经济治理路径的过程中仍存在一定的问题。首先，在税收优惠覆盖方面，相比于《全面与进步跨太平洋伙伴关系协定》在99.5%的货物实施零关税政策，《区域全面经济伙伴关系协定》承诺的零关税覆盖率仅为90%，[①] 即《区域全面经济伙伴关系协定》的开放度仍然较低，这可能会给地区内的经贸合作带来一定的税收成本与其他额外费用。其次，在透明度和争端解决方

① 孙忆：《CPTPP、RCEP与亚太区域经济一体化的前景孙忆》，《东北亚论坛》2022年第4期，第102页。

面，《区域全面经济伙伴关系协定》不仅缺乏对事前相关信息的披露机制，在金融和电信服务的文件公布、程序透明化等方面也缺乏相应机制，同时也缺少对相关争端解决机构的设立。[①] 而生产性服务业的机制缺失以及较低的自由化程度会令其对东亚产业链重构的支撑力度降低，阻碍未来的重构进程。最后，在数字跨境流动方面，《区域全面经济伙伴关系协定》缺少对数字贸易中数据的保护机制，尤其缺少对个人信息和源代码知识产权保护的规则。[②] 数字保障体系的不健全不仅会令各成员及其企业的合作意愿降低，阻碍东亚数字产业链的构建与发展，还会引发数字安全等一系列问题，进而影响东亚区域经济的整体治理效果。

虽然在推动东亚区域经济治理的过程中，《区域全面经济伙伴关系协定》仍面临着一定的困难和挑战，但不可否认的是，《区域全面经济伙伴关系协定》所带来的机遇仍然远大于挑战，同时也为东亚经济发展提供了充足的动力。因此，应当紧紧抓住《区域全面经济伙伴关系协定》带来的机遇，直面尚未解决的问题，科学合理地设置解决路径，不断优化东亚区域经济治理路径，助力东亚成为世界新经济中心。

---

① 全毅：《CPTPP 与 RCEP 服务贸易规则比较及中国服务业开放策略》，《世界经济研究》2021 年第 12 期，第 34 页。

② 全毅：《CPTPP 与 RCEP 服务贸易规则比较及中国服务业开放策略》，《世界经济研究》2021 年第 12 期，第 38 页。

后安倍时代 日本对“一带一路”的认知变化

——基于语料库的分析

王　健*

摘　要　时至今日，日本政坛正式进入后安倍时代，日本对“一带一路”的认知已经发生了质的改变。通过语料库的建立和分析可知，日本对“一带一路”所采取的态度和行动，是紧扣自身利弊得失来决定的。在后安倍时代，日本会继续表现出对“一带一路”建设影响日本安全战略空间的担忧和诋毁；另一方面，日本在“一带一路”建设的参与过程中，会采取更加务实的态度。因此，在国际局势没有大变动的情况下，只要中国能够努力保证“一带一路”建设高质量发展，后安倍时代的日本有可能会在“一带一路”建设中加深与中国的合作。最后，中国在推动“一带一路”建设高质量发展的同时，也应该注重做好舆论宣传工作，通过有策略地讲述“一带一路”故事，塑造和提升“一带一路”形象，进而为推进“一带一路”倡议的高质量发展保驾护航。

* 王健，大连外国语大学软件学院讲师，东北亚研究中心兼职研究员。

关键词 后安倍时代；“一带一路”；认知研究；语料库；批评话语分析

自2013年首次由中国国家主席习近平提出以来，“一带一路”倡议就一直备受国际社会普遍关注。经过近十年发展，“一带一路”倡议已经从理念转化为实际行动，中国与沿线国家的合作正在逐步加深，十年前提出的愿景正在变为现实，“一带一路”倡议为实现世界共同发展，践行“命运共同体”注入了新动力。特别是在疫情期间，“一带一路”在全球化休克的逆势中取得预料之外的、富有成效的进展，2020年中欧班列开行达1.24万列，同比增长50%，疫情期间运送医疗物资939万件，中国企业对“一带一路”沿线58个国家非金融类直接投资177.9亿美元，同比增长18.3%。[①] 与此同时，“一带一路”国际合作高峰论坛等一系列活动又将国际社会对“一带一路”倡议的关注推向了新的高度。

作为东亚地区除中国外最重要的国家，日本对“一带一路”的认知情况及其实质性参与程度，将会直接关系到“一带一路”建设的顺利推进，进而影响中日关系的稳定和东亚地区的和平与繁荣。与此同时，2020年8月28日，安倍晋三正式宣布辞去日本首相职务，9月16日，新任自民党总裁菅义伟当选为日本新一届首相。但菅义伟在短暂的一年执政后下台，2021年10月，岸田文雄当选为日本新首相执政至今。2022年7月8日，安倍在京都府奈良市遭枪击身亡，日本政坛彻底进入后安倍时代。在国际局势风云变幻、中日关系跌宕起伏的

① 王文、郭方舟：《疫情期“一带一路”逆势增长！将进入2.0时代》，《丝路瞭望》2021年第1期。

时代背景下，后安倍时代的日本对“一带一路”的认知正在不断发生复杂和深刻的变化。中国认清这一变化趋势，并积极做出应对，有助于推进共建“一带一路”的高质量建设，也有助于改善中日关系。

一、相关先行研究

“一带一路”倡议的国际影响力随着国际合作的扩大而不断扩大。一方面，“一带一路”倡议的发展受到国内外政界、学界的高度关注，相关研究成果大量涌现；另一方面，随着国际社会对“一带一路”倡议的关注不断提高，国际舆论特别是日本媒体对“一带一路”的关注度也逐渐上升。2017 年第一季度与“一带一路”相关报道的发文量中，日本的《外交学人》杂志排在世界第二位，仅次于中国香港的《南华早报》，第二季度日本媒体关于“一带一路”的报道量更是位居世界第一位。①

与此同时，对日本对“一带一路”认知和态度的研究也开始增多。综合现有研究来看，安倍时代的日本对“一带一路”倡议的认知经历了以下三个阶段：观望质疑阶段，密切关注和集中研判阶段，积极营造氛围、探讨参与阶段。②

第一阶段，自 2013 年“一带一路”倡议提出一直到 2015 年，日

---

① 周亨、程南昌：《全球多语种媒体视野中的“一带一路”传播研究》，《国际传播》2017 年第 5 期。

② 苗吉：《多元中的演进：日本视野中的“一带一路”倡议》，《辽宁大学学报（哲学社会科学版）》2018 年第 46 卷第 1 期；张晓兰：《从日本对“一带一路”倡议的态度看中日经贸合作前景》，《发展研究》2019 年第 2 期；孙文竹：《近期日本对“一带一路”倡议看法的转变与启示》，《牡丹江大学学报》2018 年第 3 期等。

本都持观望与质疑态度。时任日本首相安倍晋三及时任外相岸田文雄曾在“一带一路”倡议提出后直到 2015 年初，多次对“一带一路”倡议提出质疑。他们不仅质疑“一带一路”能否秉持“公正的治理结构”，确保“透明度”，还对“一带一路”倡议重要政策工具——亚洲基础设施投资银行（以下简称亚投行）表达“慎重”态度。① 更有日本媒体认为，中国试图通过“一带一路”及其主要金融工具亚投行，谋求亚洲经济的主导权和“经济霸权”，恢复历史上以中国为中心的亚洲经济秩序。②

其后一直到 2017 年为第二阶段——密切关注和集中研判阶段，在这一阶段，英德等西方主要国家先后提出申请，希望能够加入亚投行，澳大利亚、韩国也对亚投行展现出一定的兴趣，这引起了日本各界的反思。对安倍政府对“一带一路”倡议所采取的“戒拒”姿态，日本媒体多有批评。③ 同时，日本媒体对“一带一路”倡议的报道开始显著增多。舆论的变化，导致了日本对“一带一路”倡议的认知发生了转变。其中，日本经济学界和外交界的一些专业人士，开始对“一带一路”展开系统研究，并对中日合作的可能性和方式进行评估。

第三阶段为积极营造氛围、探讨参与阶段。自 2017 年至 2020 年 8 月，是安倍执政的中后期。其间，中日在经济合作上表现得较为积极，这些积极态势辐射到日本对“一带一路”的态度上。其具体表现为，安倍等日本政要在多个场合，如第 18 次中国商务部与日本经济产业省副部级定期磋商会议、二十国集团（G20）汉堡峰会、亚太经合

---

① 苗吉：《多元中的演进：日本视野中的“一带一路”倡议》，《辽宁大学学报（哲学社会科学版）》2018 年第 46 卷第 1 期。

② 五十嵐文、「獅子の計略経済秩序」、『読売朝刊』2014 年 10 月 18 日。

③ 卢昊：《日本对“一带一路”倡议从消极观望到积极参与》，《日本学刊》2018 年第 3 期。

组织（APEC）越南会议上，向中国释放出愿意参与“一带一路”建设的信号。当中尤其需要关注的标志性事件，是安倍在 2017 年 12 月 4 日东京举行的中日两国经济界会议上的致辞。他声称，“我国认为在自由开放的印度太平洋战略下，也可以与倡导‘一带一路’构想的中国大力合作”。[①] 从这一发言也可看出，日本对“一带一路”的认知已经开始向理性、客观、务实的方向转变。

这些研究中所指出的日本对“一带一路”的认知变化，以及研究中提出的对中日关系发展具有现实意义的看法和结论，具有很强的时效性。然而，众所周知，日本是报纸发行量大国，作为主流媒体的《朝日新闻》《读卖新闻》《每日新闻》《产经新闻》等都是日本最具影响力的全国性的大报，其对日本国内公众舆论的引导与形成起到不可忽视的作用。尽管在互联网等新媒体的冲击之下，日本报纸销量受到了一定的影响，但日本民众对传统媒体的依赖性依然较高。[②] 尽管如此，将日本对“一带一路”的认知研究与日本大众媒体相联系的研究却不多见，因此，相关研究就存在缺乏充足外国语料支撑等问题，从而使观点的客观性不够充分。此外，对后安倍时代的日本对“一带一路”认知变化的研究也相对较少一些，导致相关研究缺乏最新时效性。

综上所述，本论文将从批评话语分析等语言学视域出发，基于对 2020 年 9 月以后日本《朝日新闻》中“一带一路”相关报道的话语分析，对后安倍时代的日本对“一带一路”的认知变化进行系统研究，以期从理论、路径和时效性等方面对日本的“一带一路”认知相

---

① 《改变对华牵制战略？日媒称安倍欲同时推进与中印合作》，《参考消息》2017 年 12 月 18 日。

② 段然：《日本媒体“一带一路”高峰论坛报道倾向研究》，《国际传播》2017 年第 5 期。

关研究做出补充和贡献。

二、日本《朝日新闻》对“一带一路”相关报道语料库的分析

为建立专用语料库，本文选取2020年9月至2022年5月日本《朝日新闻》对“一带一路”的相关报道作为分析语料。从日本《朝日新闻》媒体数据库中搜索关键词“一带一路”，对获得文章逐一阅读，过滤掉仅提及“一带一路”，但主要内容与“一带一路”关系不大的报道以及重复报道，将剩余可用文章制作成本论文专用语料库。

针对语料库，本文采用批评话语分析中的话语历史分析法，辅以语料库语言学，综合使用定性和定量两种方法加以分析。之所以用这些研究方法，一方面是因为批评话语分析对认知研究具有独特的话语研究视角，可以揭示语言现象中隐藏的意识形态问题；另一方面在于语料库语言学为我们分析较大的语料提供了可能。在以往的研究中，由于所分析的语料样本比较小，批评话语分析的解释力受到质疑，为了对此进行弥补，一些学者运用语料库语言学的方法，对大规模的语料进行分析，进而使批评话语分析的定性分析与定量分析结合起来，也使批评话语分析建立在更坚实的数据基础之上。①

（一）语料库基本特征

针对语料库整体特点，篇数分布和主题分布分析如下。

---

① 田海龙：《批评话语分析：阐释、思考、应用》，南开大学出版社，2014，第173页。

本语料库共得到可用文章45篇，其中2020年9—12月可用文章8篇，2021年可用文章34篇，2022年1—5月可用文章3篇（其余不可用文章多数主题如乌克兰危机、韩国改选等，报道中仅用一句话提及“一带一路”，另外个别文章涉台）。这些文章的主题分布如图1所示。

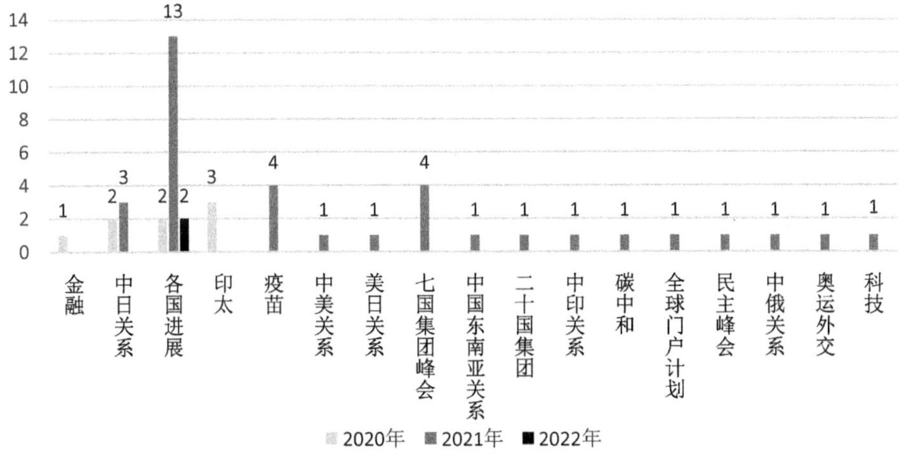

图1　语篇主题分布

资料来源：作者根据本论文专用语料库数据整理自制。

从图1的主题分布当中可以看到，首先，与“一带一路”有关的报道主题中最多的是“一带一路”在沿线各国的进展情况（各国进展、疫苗、金融、碳中和、科技等），如2020年9月29日的报道《新冠肺炎与铁路：2中国商队在欧洲的存在感》等，共有24篇，占比足有53%之多。这充分说明了“一带一路”已经从理念转化为行动，从愿景转变为现实的现状，同时也表明日本对“一带一路”认知的务实态度。只要“一带一路”在沿线国家有实质性的进展，给沿线国家的经济发展带来了好处，那么无论是当事者还是旁观者都不会选择视而不见。

其次，需要关注的是双边关系主题，如中日关系、中美关系、美日关系、中印关系、中俄关系、中国东盟关系等。譬如，2021 年 4 月 17 日的报道《中美之间，被质疑的日本首脑会谈》等共 10 篇，其中中日关系主题最多，这充分表明了“一带一路”在中日关系中的重要性，日本认知“一带一路”的基本出发点还是自身利益以及“一带一路”对中日关系的影响。同时也要看到，日本在密切关注其主要战略盟友（美、印、东盟等）如何看待“一带一路”。因此不难判断，日本对“一带一路”的认知会因其主要战略盟友的态度变化而出现“摇摆”。

最后，值得关注的是西方会议主题（七国集团、“印太构想”、全球门户计划、民主峰会等)，如 2021 年 6 月 13 日的报道《对抗中国，七国集团达成向中低收入国家基础建设投资数十兆日元意向》等，共 9 篇，这些主题都与西方国家（主要是美国)，如何看待和应对“一带一路”倡议有关。由于日本历来自诩为西方发达国家一员，这些主题一定程度上反映了日本认知“一带一路”的自身定位和视角。但同时也要看到，日本在竭力避免作为一个独立国家直接表达对“一带一路”的态度。

（二）言语行为和认知框架分析

在建立语料库后，对语料库内容进行分析和具体编码，编码规则如下。

1. 话语策略分类，采用沃达克的五类基本话语策略的分类方法[①]

命名策略，意为用社团身份归类等语言表现手法建构社团身份以

---

① Wodak. R, “Aspects of Critical Discourse Analysis,” *Zeitschriftfur Angewandte Lingnistik* 36 (2002): 5-32.

区分团体内部和外部，如例 1 所示。

例 1：中国正通过“一带一路”扩大影响圈，“印太构想”和“四边机制”（QUAD）则有可能成为与其正面对抗的轴心和试金石。①

提出把“印太构想”和“四边机制”建设成为“正面对抗‘一带一路’的轴心和试金石”，达到了建构团体内部参与者和外部对抗者身份的目的。这种策略的使用好处是立场鲜明、敌友身份明确，可以直接有效地建立认同感或威胁感。

宣称策略，意为通过模式化或评价性的将积极或消极属性归属于某人或某团体，明确或暗示性地断言对社会行为者持积极或消极态度，赞同或反对社会行为者，如例 2 所示。

例 2：安倍政府向中国的巨大经济圈构想“一带一路”展示了合作姿态，并试图借此改善中日关系。②

明确地表达了日本时任安倍政府对“一带一路”的积极态度。这种策略的使用好处是态度鲜明、直抒胸臆，用来直接表达对某人或者某事的认同或反对。

论辩策略，意为消极或积极属性特征辩护，为其寻求正当性及合理性，其中又可分出威胁论题等 15 种惯用语句论题，如例 3 所示。

例 3：那里有人们迫切希望解决的矛盾，有强烈的需求，因此也就有了能够提供帮助的中国科技企业。③

---

① 「対中強硬姿勢は維持イエレン氏「不正通商に対処」バイデン政権」、『朝日新闻』2021 年 1 月 22 日。

② 「菅首相、試される外交手腕米軍駐留経費交渉は/習氏の訪日は」、『朝日新闻』2020 年 9 月 22 日。

③ 「（インタビュー）中国経済、目指す先は東京大学准教授・伊藤亜聖さん」、『朝日新闻』2021 年 3 月 24 日。

用“因此”这样的归因词，来为中国的科技公司在“一带一路”沿线的东南亚国家的发展寻求合理性。这种策略的使用好处是逻辑性强、有理有据，更容易让受众取信和采纳说话者对某一个人或事物的积极或消极观点。

视角策略（再情景化策略），意为介入的方式，站在说话者的角度立场，对歧视性的事件或话语报道、描述、叙事或引用处理，如例 4 所示。

例 4：拜登解释道：“民主国家应该建立起足以取代中国的‘一带一路’的选择，我提出了这一提案，并且得到了认可。”①

用“解释道”这样的提示内容助词，站在美国总统拜登的视角，对“一带一路”的态度做了引用处理，表达了以美国为首的一些西方国家对“一带一路”的态度，隐晦表达了日本在中美之间的尴尬处境。这种策略的使用好处是一方面避免直接表达说话者的态度，另一方面可以借助权威人士的视角，来加强说话者对某一个人或事物所持态度的合理性。

强化弱化策略，意为通过强化或弱化歧视性话语的话外之意来限定一种观点的总体地位，如例 5 所示。

例 5：东盟一直采取避免与中国的对外战略“一带一路”发生过于直接的合作的态度。②

提到“避免与‘一带一路’对外战略产生直接的合作关系”，实际上是弱化了“一带一路”的战略威胁性。这种策略的使用好处是辗

---

① 「G7 通商政策、対中で協力低中所得国への投資/強制労働の排除」、『朝日新闻』2021 年 6 月 15 日。

② 「（記者解説）中国主導 AIIB 多国間協調、アピールの場」、『朝日新闻』2020 年 9 月 7 日。

转腾挪空间较大，既可以强化某一观点，加强效果，又可以弱化某一观点，留有余地。

2. 言语行为、认知框架分类，参考礼貌策略理论①

将相关言语行为共分为两大类：强调威胁行为和缓和（减弱）威胁行为。参考认知框架理论，将相关认知框架共分为三大类：安全认知、经济认知和合法性认知，如例6—10所示。

例6：确认了今后的合作态度（缓和威胁行为）；

例7：表示了在对抗中国方面强化日美合作的意向（强调威胁行为）；

例8：对中国是否能充分对外开放持有疑虑（合法性认知）；

例9：难道和海军军力的增强无关吗（安全认知）；

例10：因此才有了能够提供帮助的中国科技企业（经济认知）。

通过对文章进行编码和统计，首先得到言语行为和认知框架统计结果如图2和图3所示。

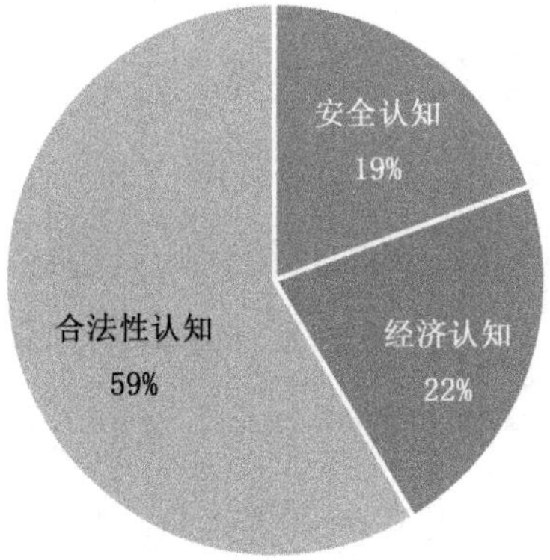

图2　认知框架统计

资料来源：作者根据本论文专用语料库数据整理自制。

① Brown and Levinson, *Politeness-Some Universals in Language Usage* (*Studies in Interactional Sociolinguistics*) (Cambridge: Cambridge University Press, 1987), pp. 2-53.

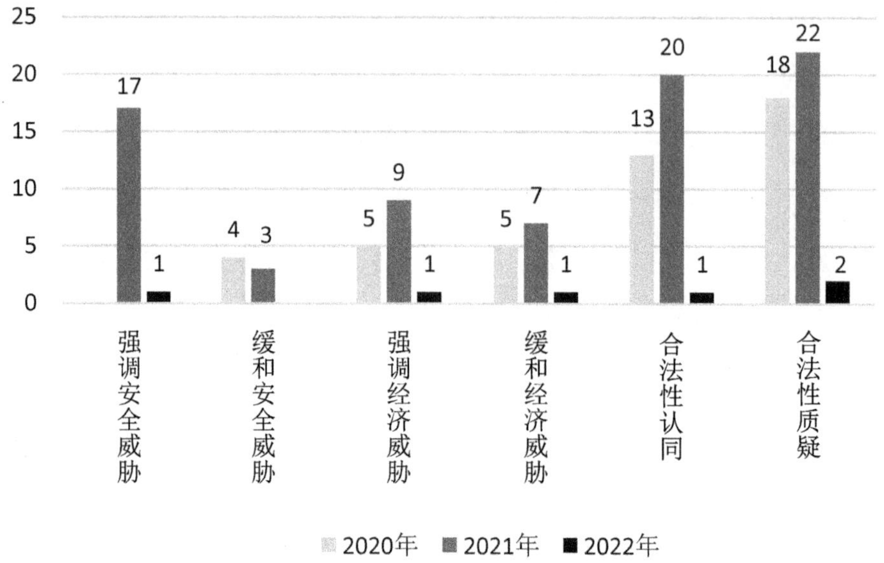

图 3　认知框架和言语行为统计

资料来源：作者根据本论文专用语料库数据整理自制。

针对图 2 和图 3 的统计结果分析如下。

首先，后安倍时代，日本《朝日新闻》对中国“一带一路”倡议相关报道的认知框架中，占比最大的是合法性认知框架，共有 75 个，占总体的 59%。其次是经济认知框架，共有 28 个，占比 22%。最后是安全认知框架，共有 25 个，占比 19%。在合法性认知框架下进一步考察言语行为可以看出，认同合法性的言语行为有 34 个，质疑合法性的言语行为有 42 个；在经济认知框架下进一步考察言语行为可以看出，强调经济威胁的言语行为有 15 个，缓和经济威胁的言语行为有 13 个；在安全认知框架下进一步考察言语行为可以看出，强调安全威胁的言语行为有 18 个，缓和安全威胁的言语行为有 7 个。

从以上的统计结果不难看出，后安倍时代，日本对中国“一带一路”倡议最主要的认知体现在对“一带一路”的合法性认同上，而且连续 3 年认同“一带一路”合法性的次数都略高于质疑“一带一路”

合法性的次数，而且认同“一带一路”合法性的次数在所有言语行为中占比最高。这些都充分说明了，后安倍时代的日本对“一带一路”的合法性认知已经发生了质的改变，从最初的观望质疑，发展到密切关注，再到安倍执政中后期释放积极信号，直至后安倍时代的初步认同。

这一改变的根本原因在于“一带一路”建设在沿线多个国家取得了实质性的进展，日本也在参与“一带一路”和与中国的合作当中获得了实际的利益，这就加大了日本对“一带一路”的参与积极性和在参与过程中产生的认同感。同时，也与安倍执政后期对“一带一路”释放出积极合作的信号有直接关系。在2021年5月23日的一篇题为《（未完的最长政权）第三部：1对中亲笔信被替换》的报道提道：“在安倍身边的首相秘书官今井尚哉的建议下，安倍亲笔修改了一封信，由二阶俊博满面笑容地转交给了习近平，亲笔信中大力评价了‘一带一路’，并表达了寻求合作的积极信号。”[①] 在随后的2018年正式访问中国之行中，安倍公开发表了中日（在“一带一路”建设中）成为合作伙伴的宣言。后安倍时代的日本在相当大程度上继承了这些外交遗产，如2020年9月22日的文章《菅首相，被考验的外交手腕美军驻留经费交涉/习主席访日》提道：“菅义伟政权高度重视与中国的经济联系，并且维持了（安倍政权）推进与中国的战略性关系改善的对中国政策。”[②] 最后，导致这一改变的另一个值得考虑的原因是美国世界政策的变化。特别是在特朗普上台之后，美国的世界政策表现

---

① 「（未完の最長政権）第3部：1書き換えられた、対中親書」、『朝日新闻』2021年5月23日。

② 「菅首相、試される外交手腕米軍駐留経費交渉は/習氏の訪日は」、『朝日新闻』2020年9月22日。

出了极大的不确定性，特朗普一上任就做出了宣布退出《跨太平洋伙伴关系协定》等“退群”行为，似乎特朗普维护国际秩序的兴趣远小于关注美国自身利益。在美国对既存国际秩序的投入大幅度减少的背景下，日本也不得不在是否继续全心全力辅助美国的国际战略上做出再三考量，必须开始重新考虑对中关系。有研究显示，特朗普宣布退出《跨太平洋伙伴关系协定》谈判后，日本媒体对“一带一路”的报道明显趋于积极和正面。[①] 即使拜登上台后试图以“印太战略”等方式重新拉拢日本等对抗中国的“盟友”，但是日本在国际秩序至少是经济秩序的选择上，并没有给予美国足够的回应。

同时也要看到，日本还存在着大量质疑“一带一路”合法性的言语行为。这一方面体现了与日本一直以来摇摆于东西两方的态度的一贯性，另一方面能看出，后安倍时代的日本对“一带一路”倡议是否会对现有国际秩序造成冲击，仍旧持有相当程度的疑虑。比如2020年12月，“一带一路”相关报道中增加了质疑“一带一路”合法性的次数，这一段时间被认为是美国大选期间的“权力真空期”。有学者指出，“2020年日本对华政策的调整（消极成分凸显，安全领域对抗性增强，经济领域防范性上升），是在拜登上台修复同盟关系之前就开始出现的，这种明显的对美超前性与日美非同步性，说明日本是紧扣自身利弊得失来思考制定政策的”；“在中美战略竞争逐步加剧造成的系统性压力之下，日本对外战略开始更坚定地奉行以维护本国利益为核心的‘日本优先’原则，目标是在继续背靠日美同盟的同时，努力

① 王广涛：《当TPP遭遇“一带一路”：日本的战略困境与政策选择》，《国际关系研究》2017年第3期。

成为国际格局中一支具有独立行为能力与战略价值的力量”。[①] 另外，值得一提的是，以美国为首的一些西方国家，试图把所谓的“民主”和“人权”等意识形态作为一切国际事务的政治导向，尽管后安倍时代的日本在涉及“一带一路”方面采取了谨慎表达直接态度的立场，但借用视角本身也是一种态度，这需要中国提高警惕。

其次，在经济认知框架下进一步考察言语行为可以看出，强调“一带一路”的经济威胁次数与缓和“一带一路”的经济威胁次数连续3年基本持平，只是在2021年略多出2次。这首先说明了后安倍时代的日本在参与“一带一路”建设的过程中越来越倾向于采取一种务实的态度，并将主要精力放在如何在参与中获得实际好处，且希望这一务实合作能够继续进行下去。如2020年9月7日的文章《（记者解说）中国主导的亚洲基础设施投资银行多国间协调，提高影响力之地》提道：“中国（亚洲基础设施投资银行）的带有开发性质的金融援助做法，与日本有巨大的联系，日本不应该过分恐惧，也不应该过分轻视，而是应该采取一种务实的态度来对待亚投行。”[②] 同时，也表现出了后安倍时代日本在参与“一带一路”建设时与中国“竞争合作”并存的关系，日本并不希望在“一带一路”建设过程中完全由中国来主导，而是在尽可能争取自身利益的同时力争规则制定的权力。如2021年5月26日的文章《（未完的最长政权）第三部：3对中合作路线，钓鱼岛未见效果》提到，“日本针对中国在海外展开的事业提出了合作的方针，同时也附加了增加事业透明性，避免因中国的过剩融资使对象国陷入财政困难等条件，以试图敦促中国遵守国际（经

---

① 杨伯江：《日本对华政策调整的底层逻辑》，《世界知识》2022年第4期。

② 「（記者解説）中国主導AIIB多国間協調、アピールの場」、『朝日新闻』2020年9月7日。

济）规则”。[①] 另外值得关注的是在2021年的报道中多次提到的所谓“债务陷阱”，这是美日等国家主要用来攻击和抹黑“一带一路”建设的发力点，中国需要针对这一点做更充分的工作。

最后，在安全认知框架下进一步考察言语行为则会看到，以2021年4月为分界线，前后呈现出完全不同的特征。首先，在2020年（以及2021年4月之前）缓和“一带一路”的安全威胁次数是多于强调“一带一路”的安全威胁次数的（0—4），这与中国在疫情期间积极主动承担国际责任，特别是跟“一带一路”沿线国家提供疫苗支援是分不开的。而2021年4月之后强调“一带一路”的安全威胁次数要远远多于缓和“一带一路”的安全威胁次数（3—17）。其背后的最主要原因是2021年4月拜登访日。在这次访日中，拜登重启了“印太战略”和美日澳印“四边机制”等在战略安全层面针对中国的一系列战略机制，并且希望日本站到对抗中国的最前沿，将安全议程提高到了日本对外战略的最高级别。

（三）话语策略分析

最后，对认知框架形成过程中所使用的话语策略统计结果如图4所示。

① 「（未完の最長政権）第3部：3対中協力路線、尖閣では効果見えず」、『朝日新闻』2021年5月26日。

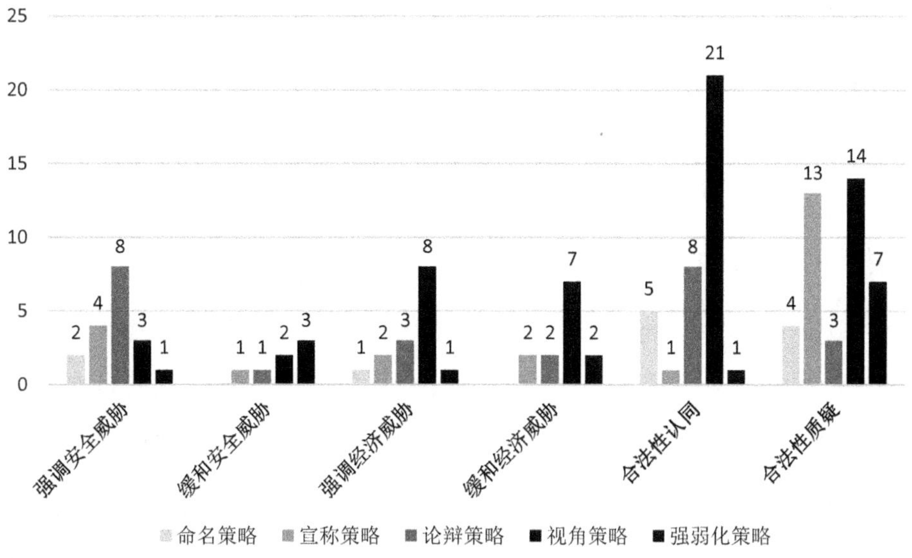

图 4　话语策略统计

资料来源：作者根据本论文专用语料库数据整理自制。

针对图 4 的统计结果分析如下。

首先，无论是质疑“一带一路”合法性还是认同“一带一路”合法性时，使用最多的都是视角策略，分别达到 21 次和 14 次。与之相对的是，在质疑“一带一路”合法性时，尽量避免了使用宣称策略。这说明在质疑“一带一路”合法性时，大多是从第三者的视角出发的，如 2021 年 6 月 13 日的报道《对抗中国，七国集团达成向中低收入国家基础建设投资数十兆日元意向》就提到，“以美国为首的 G7 集团试图通过向中低收入国家投资数千亿美元进行基础建设，来对抗中国推动的巨大经济圈构想‘一带一路’，并企图扩大基于民主主义的组织架构”。[①] 再如 2021 年 12 月 3 日的文章《欧盟，基础设施建设 38 兆日元域外援助对抗“一带一路”》提到，“欧盟委员会在‘欧盟全

① 「中国に対抗、数十兆円投資　G7 合意、中低所得国インフラ」、『朝日新闻』2021 年 6 月 13 日。

球门户计划’中不仅承诺要提供可持续的高质量计划，同时还要仔细判断这些计划是否遵守民主主义和国际规则”。[①] 借欧盟之口，日本隐晦地对“一带一路”在建项目的可持续性表达了疑虑。还有值得关注的是，在认同“一带一路”合法性时使用宣传策略之多几乎与视角策略持平，如2021年2月18日的文章《德国探索“默克尔之后”加强对中国的警戒感》提到，“中国也与以前不同，开始更加关注自身的国际形象和世界上其他国家的看法”,[②] 这表明后安倍时代的日本在对“一带一路”的合法性认同上，并没有掩饰自己的态度，直截了当地表达了对“一带一路”在提供国际经济秩序方面所做贡献的认可。

其次，在强调“一带一路”经济威胁或缓和“一带一路”经济威胁时，使用最多的也是视角策略。这主要是因为在“一带一路”建设的实际推进中，日本与中国的合作还是在有限范围内展开的，但同时，后安倍时代的日本也高度关注“一带一路”的进展情况，高度关注沿线国家是否能通过“一带一路”建设获得实际经济利益。如2021年11月30日的文章《老挝渴盼的铁路，直连中国“一带一路”的重要路线建设依存，“债务陷阱”风险并存》提到“习近平主席指出，必须要正确认识‘一带一路’建设面临的新情况，并保证相关项目的质量提升”。[③] 因此，当经济利益的蛋糕做得足够大时，日本一定会希望能够参与进来，获得等同的收益。同时，日本还认为，“一带一路”建设给沿线周边国家带来经济利益的同时，也带来“债务陷阱”等负

---

① 「EU、インフラ整備38兆円　域外支援「一带一路」に対抗」、『朝日新闻』2021年12月3日。

② 「中国への警戒感強めるドイツ「メルケル後」を探った」、『朝日新闻』2021年2月18日。

③ 「ラオス悲願の鉄道、中国と直結「一带一路」の重要路線　建設依存、「債務のわな」リスクも」、『朝日新闻』2021年11月30日。

面影响。

最后，在强调“一带一路”安全威胁时使用最多的是论辩策略。如 2021 年 6 月 8 日的文章《新冠疫情与经济援助议论中的南海，纷争不断的中国东盟·中国外交部长》提到，“中国试图通过巨大经济圈构想‘一带一路’带来的经济合作和抗疫支援来压制南海争端”,[①] 把“一带一路”建设与南海争端联系在一起，给他国造成“中国是在用经济合作来挤压东南亚国家的安全空间”的错觉。这也说明了后安倍时代的日本在安全战略上仍然紧跟美国的脚步，试图通过在安全领域大做文章，来围堵“一带一路”建设、阻碍中国经济的发展，日本国内舆论与其外交话语密切相关。

三、后安倍时代日本对“一带一路”的认知变化与“一带一路”建设高质量发展

通过以上分析可以看出，与安倍时代相比，后安倍时代的日本对“一带一路”的认知已经发生了质的改变。从安倍时代的观望质疑、密切关注、释放积极信号，到后安倍时代已经转变为初步接受认同。同时也需要看到，后安倍时代的日本对“一带一路”所采取的态度和行动，与自身利弊得失紧密相关。日本在“一带一路”建设的参与过程中，一定会以维护本国利益为核心，更坚定地奉行“日本优先”原则。

一方面，后安倍时代的日本在安全战略上仍然没有脱离日美同盟

---

① 「コロナ・経済支援議論南シナ海、争い続く中 ASEAN・中国外相」、『朝日新闻』2021 年 6 月 8 日。

的基本框架，日本必然会在安全战略空间方面表现出对“一带一路”倡议的担忧甚至是诋毁。当前，随着中美战略博弈加剧，日本在安全战略上紧紧跟随美国的步伐，对“一带一路”倡议的态度展露出多角度制衡等最新变化，利用“印太构想”和“四边机制”等一些政策框架及工具，针对“一带一路”倡议展开制衡，避免中国的战略优势进一步加大。另一方面，后安倍时代的日本在“一带一路”建设的参与过程中会采取更加务实的态度。日本已经在参与“一带一路”建设中获得了一些实际好处，同时正在多个领域密切关注“一带一路”的发展情况和沿线国家的项目开展和合作情况。在积极响应美国制衡中国的亚太战略的同时，日本已经做好随时积极参与，与中国进行相关地区的共同开发的准备，以应对诸如特朗普执政期间发生的美国“退群”的局面。只要中国做好自己的事情，努力保证“一带一路”建设高质量发展，后安倍时代的日本特别是日本经济界只会加深与中国在“一带一路”建设中的合作。而加深两国合作，在合作中形成更广泛的共同利益，达成更多共识，反过来则会促进日本对“一带一路”倡议的积极认知和评价，从而形成良性循环。

最后，中国在推动“一带一路”建设高质量发展的同时，也应该注重讲好“一带一路”故事。美西方国家凭借自身的媒体优势，在全球散布、发表抹黑“一带一路”的报道，严重影响了各国民众对“一带一路”的认知和好感度，如果不及时回应这些误导性言论，对“一带一路”形象和“一带一路”建设的顺利实施会造成难以估计的负面影响。中国必须通过理性的舆论宣传来塑造和提升“一带一路”形象，为推进“一带一路”倡议的高质量发展保驾护航。

国界类型与跨境微区域治理成效*

姜潭　庞得利**

摘　要　冷战结束以来，区域研究和区域治理的理论与实践发生了由区域向次区域、微区域的转向。在此背景下，本文对跨境微区域及其治理成效的影响因素展开研究。文献回顾发现，既有研究都没有细致阐述影响跨境微区域治理成效的作用机理，与此同时，不同研究视角之间存在的竞争性使既有研究无法形成关于跨境微区域治理的普遍性理论。针对现有研究的不足，本文强调基于对跨境微区域特征的准确把握，从国界因素入手，探究其对跨境微区域治理成效的影响。本研究发现，国界类型对跨境微区域治理成效有着重要影响：相斥性国界、诱发性国界和一体性国界会对跨境微区域治理成效带来不同的影响；同一类型国界又会由于其在不同时期阻隔性/沟通性功能的不同而对跨境微区域治理成效产生不同影响。通过对德国—捷克、埃及—利比亚、美国—

* 本文系国家社科基金项目“西北边境口岸地区社会治理研究”（18XMZ032）阶段性研究成果；甘肃省高等学校创新基金项目“甘肃与‘一带一路’沿线国家地方政府间交流合作的实践路径研究”（2023B-077）研究成果。

** 姜潭，西北师范大学马克思主义学院讲师；庞得利，西北师范大学马克思主义学院硕士研究生。

加拿大边境地区跨境微区域治理成效的分析，上述分析框架得到了初步验证。这一发现也为“一带一路”沿线的跨境微区域治理实践提供了一定的启示。

关键词 微区域；跨境微区域治理；国界类型；国界功能

近年来，全球范围内各种类型的跨境经济合作区和经济走廊等次国家跨境微区域相继出现。[①] 作为新的治理模式，跨境微区域治理的成效将对微区域内协同发展、拓展国际合作和提高开放水平等目标的实现产生重要影响。那么，如何从理论上厘清跨境微区域治理成效的影响因素？在文献回顾的基础上，本文提出从国界因素入手，探究其对跨境微区域治理成效的影响。文章通过细致阐述国界类型影响跨境微区域治理成效的作用机理，尝试建立一个关于跨境微区域治理成效的普遍性理论框架。

一、跨境微区域治理成效的影响因素：既有研究及其不足

理解跨境微区域概念的内涵，需要区分区域研究中关于区域、次区域、微区域的概念。为明晰三者之间的差异，这里主要从地理范围角度对三个概念进行简单辨析。区域和次区域都是超国家性质的概念，其中区域涵盖的地理范围更大，传统上指亚洲、欧洲、非洲、美洲、大洋洲即五大洲的地缘概念；次区域即次级区域，如相对亚洲的

① 详细介绍可参见李峰、洪邮生：《微区域安全及其治理的逻辑：以“一带一路”倡议下的“大湄公河微区域”安全为例》，《当代亚太》2019 年第 1 期，第 118—119 页。

东亚，相对美洲的北美等新区域概念。本文提到的微区域则是次国家层次的地缘概念，指一国国土的一部分，此处与次区域的不同主要在于，即便是次区域中的国家，也是以其国土的全部而存在于次区域中。跨境微区域即指国家间相互毗邻的边境地区，这是一种国家以下、地方政府以上的次国家跨境区域。[①]

20世纪90年代以来，以两国（或两国以上）相互毗邻的边境地区为主要活动场域的跨境微区域治理开始成为学术界研究的一个热点话题，政治学、经济学、地理学、民族学等诸多领域的学者纷纷加入对跨境微区域治理的研究之中。[②] 围绕跨境微区域治理成效的影响因素这一问题，既有文献中主要包括三种解释，分别是治理主体论、制度设计论以及治理领域论。

（一）治理主体论

跨境微区域治理是一项涉及中央政府、各级边疆地方政府以及诸多社会行为体的多主体治理活动，其间蕴含了各中央政府间的关系、中央政府与本国边疆地方政府间的关系、中央政府与邻国边疆地方政府间的关系、隶属于不同国家的边疆地方政府间的关系以及各级政府与跨境社会行为体之间的关系等。治理主体论认为跨境微区域治理的成效在很大程度上取决于各治理主体的权责分配以及主体间关系的协

---

① 关于区域、次区域、微区域三个概念的比较和分析，参见蔡东杰：《东南亚微区域机制发展：以湄公河合作为例》，《台湾东南亚学刊》2010年第2期，第87—88页；李峰、洪邮生：《微区域安全及其治理的逻辑：以“一带一路”倡议下的“大湄公河微区域”安全为例》，《当代亚太》2019年第1期，第128—129页。

② Katsuhiro Sasuga, *Microregionalism and Governance in East Asia*, London and New York: Routledge, 2004; Olivier Kramsch and Barbara Hooper (eds.), *Cross-Border Governance in the European Union* (London and New York: Routledge, 2007).

调。治理主体论的一类观点认为主权国家（中央政府）是决定跨境微区域治理成败的关键。这类观点强调，尽管跨境微区域治理主体多元、关系复杂，但在诸多治理主体中，主权国家（中央政府）始终扮演着决定性的角色，是跨境微区域治理活动的“设计者”和“引领者”。[①] 与之相对，边疆地方政府和跨境社会行为体则只是承担了“政策执行者”和“催化剂”的作用。[②] 例如，关于跨境微区域治理成效与国家能力之间的关系问题上，此类观点便认为，国家权力的衰落以及国家行动能力的弱化会对跨境微区域治理产生消极影响。跨境微区域治理不仅需要“自下而上”的自发式治理活动，同时更需要“自上而下”的国家间的协调与合作。[③] 另一类观点则将视角聚焦于边疆地方政府和跨境社会行为体，认为跨境微区域治理的出现，在某种意义上是对“国家中心主义”的超越，因此需要充分考虑以各级边疆地方政府为代表的次国家行为体和以非政府组织、跨境贸易者、边民为代表的非国家行为体在跨境微区域治理中所起到的重要作用。[④] 其中，由于边疆地方政府所拥有的强大议价能力，构建不同国家边疆地方政府之间的信任关系便显得尤为重要。[⑤] 与此相对，国家则只是扮演边疆地方政府和社会行为体跨界合作的“激励者”、跨界冲突的“干预

① 杨雪：《“一带一路”下的图们江次区域合作：机遇与未来》，《东北亚经济研究》2020 年第 4 期，第 35—36 页。

② 蔡东杰、刘泰廷：《微区域主义与大图们江计划之发展》，《全球政治评论》2010 年第 35 期，第 143—160 页。

③ Carola Fricke, “Spatial Governance across Borders Revisited: Organizational Forms and Spatial Planning in Metropolitan Cross-border Regions,” *European Planning Studies* 23, no. 5 (2015): 1-22.

④ Peter Gilles, Harlan Koff and Carmen Maganda (eds.), *Theorizing Borders through Analyses of Power Relationships* (Bruxelles: Peter Lang, 2013).

⑤ Michaël Tatham, “Paradiplomats Against the State: Explaining Conflict in State and Sub-state Interest Representation in Brussels,” *Comparative Political Studies* 46, no. 1 (2013): 63-94.

者”等辅助性角色。[①]

（二）制度设计论

在诸种治理活动中，制度的构建非常重要，特别是在跨领域、网络化的治理结构中，制度的透明性和参与度等都会直接影响治理的成效。由于跨境微区域治理所具有的跨领域、网络化等特征，一些学者认为，制度设计是影响跨境微区域治理成败的关键。例如，跨境微区域治理体系构建的核心在于其制度架构，而制度架构的完善程度则直接影响着跨境微区域治理的成效。[②] 由于不存在一个统一的中央组织，跨境微区域治理势必通过构建正式制度与非正式制度相结合的制度体系，将国界两侧的中央政府、边疆地方政府以及非政府组织有效地吸纳进来；与此同时，在这些制度体系的构建过程中，还需要特别考虑边境区独特的历史、经济、社会、政治等方面的“空间布局”。[③] 此外，还有学者提出，由于参与跨境微区域治理的行为体拥有更多的自主性，因此构建各行为体间的信任关系，特别是对制度合法性的构建便成为跨境微区域治理的核心工作。[④]

---

① Christophe Sohn and Bernard Reitel, “The Role of National States in the Construction of Cross-border Metropolitan Regions in Europe,” *European Urban and Regional Studies* 23, no. 3 (2013): 306-321.

② 金新：《中国—东盟跨境安全治理：制度困境与优化策略》，《国际论坛》2019 年第 4 期，第 74—88 页。

③ Joren Jacobs, “Spatial Planning in Cross-border Regions: A Systems-theoretical Perspective,” *Planning Theory* 15, no. 1 (2016): 68-90.

④ Peter Gilles, Harlan Koff and Carmen Maganda (eds.), *Theorizing Borders through Analyses of Power Relationships* (Bruxelles: Peter Lang, 2013), pp. 71-83.

（三）治理领域论

跨境微区域治理是针对边境区内经济合作、水资源利用、环境问题、走私、毒品、分离主义等诸多问题所采取的综合治理活动，这些活动涉及政治、经济、社会、文化等众多领域。因此，各个领域中的政策选择，特别是不同领域政策之间的相互影响成为跨境微区域治理需要考虑的重要因素。一类观点认为，需要重视跨境经济的相互依存关系所带来的扩散效应：一方面，跨境经济相互依存的增强在客观上为一些安全问题的跨界扩散提供了条件和可能；另一方面，跨境经济相互依存所产生的“安全红利”则有助于一些跨界安全问题的解决。[①] 另一类观点认为，作为一种典型的“软性空间”（soft spaces）的治理活动，跨境微区域治理的成败主要由相关领域议题的包容性和灵活性所决定，特别是随着治理的不断深入，需要在不同领域议题之间实现灵活切换。[②] 还有一类观点认为，跨境微区域治理的核心在于构建经济、文化、社会、交通等领域的跨境网络，通过跨境网络整合边境区内的各种资源，进而克服由于国界的阻隔效应所导致的区域内的不平衡。其中，治理的成败主要由联系各治理领域跨境网络的利益分配效果、自我调节能力以及创新能力等方面的因素决定。[③]

总体来看，上述观点都从不同角度指出了跨境微区域治理成效的

---

① 郑先武、李峰：《东南亚微区域合作与跨境安全》，《南洋问题研究》2016 年第 3 期，第 1—10 页；李峰、洪邮生：《微区域安全及其治理的逻辑：以“一带一路”倡议下的“大湄公河微区域”安全为例》，《当代亚太》2019 年第 1 期，第 129—135 页。

② Stefan Telle, “Euroregions As Soft Spaces: Between Consolidation And Transformation,” *European Spatial Research and Policy* 24, no. 2 (2017): 93-110.

③ Erik Oddvar Eriksen, “An Emerging European Public Sphere,” *European Journal of Social Theory* 8, no. 3 (2005): 341-363.

影响因素。但是，既有研究都没有细致阐述各类因素在跨境微区域治理中所发挥的作用，与此同时，不同研究视角之间存在的竞争性使既有研究无法形成关于跨境微区域治理的普遍性理论。究其原因，主要是既有研究对跨境微区域独特性的考量不足，特别是对跨境微区域治理与其他层次的区域治理存在的差异性没有给予足够重视。如前文所述，跨境微区域与区域、次区域最大的差异在于，微区域是一个次国家层次的地缘概念，其所指区域是次国家跨境区域。因此，国界因素在跨境微区域治理中发挥着极为重要的作用。一方面，国界并不仅是静止的线条或切面，由于其与国家领土、管辖权等所存在的紧密关系，国界的存在会对其周边区域产生持续性影响。这种影响不仅体现在政治层面，还体现在经济、社会、文化甚至环境等各个层面。另一方面，由于跨境微区域在地理空间上均属于毗邻国界的区域，这种地理上的临近性使该区域的各个部分均受到国界因素的强烈影响。可以说，正是由于国界的存在，跨境微区域才成为“一块宽度受国界因素的变化而不断变化的区域，生活于其间的人们处在一种可辨识的特殊关系结构之中；同时，他们又与各自国家的民众和制度之间存在一种特殊的关系”。[①] 鉴于此，本文拟从国界因素入手，探究其对跨境微区域治理成效的影响，从而弥补上述不足。

二、国界的功能、类型与跨境微区域治理

在明确国界作为影响跨境微区域治理成效的核心变量之后，下文

① 曹亚斌、杨欢：《全球化时代边境区民众国家认同研究》，《云南行政学院学报》2021 年第 4 期，第 2—10 页。

将着重对国界的功能及类型进行分析，从而提出国界发挥作用的逻辑机制。

（一）国界的功能

作为现代国家的重要组成部分，政治地理学意义上的国界自 1648 年威斯特伐利亚体系形成以后便开始在欧洲出现。此后经过 300 多年的演进，在 20 世纪中期，国界已遍布世界各国的政治版图。[①] 一般来说，国界是指国家间领土的分割线，用以区分不同国家的政治、经济以及社会空间。此外，作为分割线的国界也具有一定程度的延展性，向上延伸到领空，向下延伸至地表以下。[②] 然而无论是作为“线”的国界，还是作为“切面”的国界，阻隔性都是其所具有的核心特质。在这个意义上，一些学者将国界类比为“细胞壁”，而国家则是彼此独立的“集装箱”。[③]

需要指出的是，尽管阻隔性是国界的核心特质，但国界同时还拥有着沟通性功能。早在 20 世纪初期，国界研究中理想主义的代表人物莱昂内尔·赖德（Lionel W. Lyde）就已经指出了国界所具有的沟通功能。在他看来，国界非但不是分割线反而是“沟通线”，日常生活中人们在国界附近相遇，并和平地进行交流与互动。国界的真正本质

① Kerry Goettlich, “The Rise of Linear Borders in World Politics,” *European Journal of International Relations* 25, no. 1 (2019): 203-228.

② John Agnew, Katharyne Mitchell and Gerard Toal (eds.), *A Companion to Political Geography* (Malden, Oxford and Carlton: Blackwell Publishing, 2004), pp. 123-124.

③ 安东尼·吉登斯：《民族—国家与暴力》，胡宗泽、赵力涛译，生活·读书·新知三联书店，1998，第 145 页。

是增加交流、防止对抗。[①] 在当今世界，随着经济全球化的迅速发展、互联网的普及，国界的沟通功能得到了更为广泛的关注：一方面，学者们开始将沟通功能进行细化，从而出现了交流功能、诱导效应等新的描述性词汇；另一方面，一些建立在国界沟通功能基础之上的政策设计也开始涌现，20 世纪 90 年代以来欧盟国家实施的“地区间合作项目”便是其中的典型代表。[②]

事实上，国界的阻隔功能和沟通功能之间不是截然对立的，二者是国界存在的一体两面。国界发挥着阻隔功能，但即便是世界上管控程度最为严格的国界也无法实现国界两侧完全的隔绝，跨界互动和交流（特别是信息方面）存在于世界上所有的国界之上。而从国界的沟通功能来看，跨界互动和交流的存在也并不意味着国界阻隔性的消失。即使在被称为“无国界世界”的全球化时代，国界的阻隔功能也并没有消失，甚至在一些情况下呈现不断加强的趋势。[③] 例如，即便欧盟国家间所谓的“开放性国界”，也由于各国在各自领土上针对公共设施建设、教育、医疗、就业、文化等众多领域所制定的政策存在差别，而事实上以无形的国界阻隔了跨界交流与互动。[④]

---

① Lionel W. Lyde, *Some Frontiers of Tomorrow: An Aspiration for Europe* (London: A. & C. Black Press, 1915), pp. 2-3.

② Markus Perkmann, "Cross-Border Regions in Europe: Significance and Drivers of Regional Cross-Border Co-Operation," *European Urban and Regional Studies* 10, no. 2 (2003): 153-171.

③ John McCallum, "National Borders Matter: Canada-U. S. Regional Trade Patterns," *American Economic Review* 85, no. 3 (1995): 615-623.

④ David Newman, "The Lines That Continue to Separate us: Borders in Our Borderless World," *Progress in Human Geography* 30, no. 2 (2006): 143-161.

（二）国界的类型

早在 1936 年，美国地理学家理查德·哈特向（Richard Hartshorne）就在其撰写的一篇关于国界分类的论文中，运用文化景观学的方法将国界划分为先成国界、后成国界和外加国界三种类型。[①] 美国亚利桑那大学历史学教授奥斯卡·马丁内斯（Oscar Martinez）则从跨国主义、国际冲突与缓和、族群冲突与缓和、差异性以及分离性等维度将国界划分为分离型、共存型、共生型和统一型等类别。[②] 还有学者从国界对区域内经济合作影响的角度将国界划分为封闭型、半封闭型以及开放型；[③] 或者从生产要素横向流动的角度将国界划分为屏蔽型和中介型等类别。[④]

需要指出的是，在进行国界类型划分的过程中，应充分关注国界与其周边地区之间的关系。作为一种制度安排，国界的存在势必对其周边地区产生持续性影响。“国界是一种集合法性、象征性和统治性于一体的制度，它使可行使控制权的秩序体系得以建立。作为制度的国界还使管理能够在由其所框定的社会或空间区域内得以有效实施”。[⑤]此外，国界与其周边地区之间还存在相互影响的关系。“国界既在形塑它们所能包囊的事物，以及那些能够穿越国界和受阻于国界的

---

① Richard Hartshorne, “Suggestions on the Terminology of Political Boundaries, ”*Association of American Geographers* 26 (1936): 56–57.

② Oscar Martinez, “The Dynamics of Border Interaction: New Approaches to Border Analysis, ” In Clive H. Schofield (ed.), *World Boundaries* (London and New York: Routledge, 1994), pp. 1–14.

③ 胡志丁：《次区域合作与边境安全及边界效应调控研究》，人民出版社，2014，第 284 页。

④ 李铁立：《边界效应与跨边界次区域经济合作》，中国金融出版社，2004，第 35 页。

⑤ John Agnew, Katharyne Mitchell and Gerard Toal (eds.), *A Companion to Political Geography* (Malden, Oxford and Carlton: Blackwell Publishing, 2004), p. 152.

事物；同时这些事物也会反过来形塑国界”。[①] 这种相互影响体现在：一方面，不同类型的国界会对其周边环境产生不同的影响；另一方面，周边环境的反作用则会不断加持或固化该种类型国界的影响力。也就是说，这种相互依存、相互促进的关系实质上促成了国界的持续性影响力不断加强。

结合关于国界类型划分的既有研究及前文关于国界功能的论述，可以将国界划分为如下三种类型。

第一，相斥性国界。所谓相斥性国界是指由于国界的存在，该区域内既有的相斥性力量以国界为中心线出现断裂，进而在国界两侧形成相斥性的社会结构样态。对相斥性国界来说，即使国界管控出现松动，或者当某些政治行为体试图鼓励跨界互动或融合时，国界两侧的相斥性力量依然会持续存在，甚至出现由于国界开放而进一步激化相斥性力量的状况。正如一些国界研究者所发现的那样，在一些地区，随着跨界互动交流的深入，国界两侧民众之间的隔离非但没有减少反而有可能会增加，即从之前的“相互忽视”变为现在的“相互憎恨”。[②] “与‘他者’会面的经历，尤其是经过长期的恐惧、猜疑和不信任之后，在某些情况下会进一步加剧彼此之间的仇恨感，会面的地点变成了一个矛盾的剧增地，每一方都痛恨对方并证明自己是正确的。过去可能是基于缺少了解而导致的对对方模糊的敌意和厌恶，现在通过会面，这种厌恶则具有了详细的内容。如果国界是不同社会经

① Alexander C. Diener and Joshua Hagen, “Theorizing Borders in a Borderless World: Globalization, Territory and Identity,” *Geography Compass* 3, no. 3 (2009): 1196-1216.

② Martin Pratt and Janet Allison-Brown (eds.), *Borderlands Under Stress* (Dordrecht: Kluwer Law International, 2000), pp. 141-162.

济生活水平、历史叙事和文化样态的分割线，那么国界的开放并不能导致合作互助的必然产生”。[①]

第二，诱发性国界。所谓诱发性国界是指由于国界的存在，使国界两侧的互动状况发生变化。这种变化主要体现为两种情形：一种情形是，先前存在的跨界互动形态因国界阻隔而逐渐消失；另一种情形则是，国界的存在激发出一系列新的跨界互动形态。例如一些学者在研究边境区经济发展时便注意到这样一种现象，即国界的阻隔非但不会影响边境区经济的发展，反而会由于国界所造成的差异性以及在此基础上形成的“补偿机制”（compensation mechanisms）促进了边境区经济的发展。[②] 也就是说，国界并不总是扮演边境区经济发展阻碍者的角色，它还可以通过自身的存在而塑造国界两侧在价格、税率以及市场监管制度等方面的异质性，而这种异质性则反过来对跨境经济交流提供助推，进而在边境区形成一种“互补性”经济发展模式。[③] 与此同时，这种状况还大量出现在除经济领域之外的诸种跨境互动领域。“正是因为国界所具有的阻碍功能，从而使国界同时也起着桥梁的作用。人们之所以要从事跨境活动，是因为他们想从由国界所造成的经济、社会以及文化等方面的差异中获益”。[④]

第三，一体性国界。所谓一体性国界是指由于国界的存在，使该

① David Newman, “The Lines That Continue to Separate us: Borders in Our Borderless World,” *Progress in Human Geography* 30, no. 2 (2006): 156.

② Roberta Capello, “Compensation Modes of Border Effects in Cross-border Regions,” *Journal of Regional Science* 58, no. 4 (2017): 759-785.

③ Christophe Sohn, “Modelling Cross-border Integration: the Role of Borders As a Resource,” *Geopolitics* 19, no. 3 (2014): 587-608.

④ Christophe Sohn, “Modelling Cross-border Integration: the Role of Borders As a Resource,” *Geopolitics* 19, no. 3 (2014): 602.

区域内的异质性因素不断消除，最终出现由于国界而催生出跨境区域一体化的状况。从政治层面来看，一体性国界能够使毗邻国家的中央政府和各级边疆地方政府间形成紧密的互动网络；从社会层面来看，一体性国界催生了跨界共同交流符号、跨界公共文化和跨界政治共同体的出现；从经济层面来看，一体性国界促进了商品、人员以及资本等要素的快速流动。这种类型国界的存在，最终促进了区域内政治、经济、文化以及社会结构的一体化。需要指出的是，一体性国界并不意味着这种国界总是起到毗邻国家间关系“黏合剂”的作用，通过一体性国界所催生出的跨境微区域一体化也并不总是区域一体化的“前奏”或“缩影”。事实上，正如一些学者所指出的那样，这种一体化是以国界为中心而出现的微区域一体化，区域内的同质性更多的是通过与国家其他区域间的差异性对比得以体现。[①] 另外，与诱发性国界不同的是，尽管这两种类型的国界都能够激发跨界互动和交流，但一体性国界是通过催生边界两侧区域间的一体化来激发互动和交流，诱发性国界则主要是基于边界两侧所形成的差异性而激发跨界互动和交流。

（三）国界因素对跨境微区域治理成效的影响

一些学者已从国界的角度研究跨境微区域治理问题。这些研究一方面在理念上普遍认为国界主要通过发挥其阻隔功能对跨境微区域治理产生负面影响，进而提出推进跨境微区域治理的核心在于消除国界（至少是消除国界的阻隔性）；另一方面则普遍将国界视为一个常量，

---

① Emmanuel Brunet-Jailly, “Theorizing Borders: An Interdisciplinary Perspective,” *Geopolitics* 10, no. 4 (2005): 633-649.

研究重点也主要放在具体常量值的测定上。①本文在这里提出的国界发挥作用的逻辑机制突出强调以下两点：一是指出从国界类型的角度分析其与跨境微区域治理成效之间的关系；二是明确将国界视为影响跨境微区域治理成效的一个核心自变量而非一般所认为的常量，从各个类型国界在不同时期阻隔性/沟通性功能不同程度的体现来分析其对跨境微区域治理成效的影响。也就是说，不同类型的国界会对跨境微区域治理成效带来不同的影响，同一类型国界也会由于其在不同时期阻隔性/沟通性功能的不同而对跨境微区域治理成效产生不同的影响。基于如上理由，本文提出国界类型影响跨境微区域治理成效的三种情境（见图 1）。

1. 相斥性国界与跨境微区域治理成效

相斥性国界具有强烈的分离属性，国界两侧跨境交流和互动的增加并不会促进跨境微区域合作的展开，反而可能造成相斥性力量的进一步激化。因此，对相斥性国界所处的周边区域而言，在跨境微区域治理中会出现如下状况：当国界的阻隔功能增强时，跨境微区域治理的成效就会增加；当国界的沟通功能增强时，跨境微区域治理的成效出现下降。

2. 诱发性国界与跨境微区域治理成效

与相斥性国界不同，诱发性国界既能够通过阻隔功能的发挥消除

① 参见 John McCallum, "National Borders Matter: Canada-U. S. Regional Trade Patterns," *The American Economic Review* 85, no. 3 (1995): 615 - 23; Volker Nitsch, "National Borders and International Trade: Evidence from the European Union," *Canadian Journal of Economics* 33, no. 4 (2000): 1091 - 1105; Roberta Capello, Andrea Caragliu and Ugo Fratesi, "Measuring Border Effects in European Cross-border Regions," *Regional Studies* 52, no. 7 (2018): 986-996；李天籽：《中国东北地区参与东北亚次区域合作的边界效应》，《学习与探索》2014 年第 7 期，第 121—124 页；李天籽：《中国沿边的跨境经济合作的边界效应》，《经济地理》2015 年第 10 期，第 5—12 页。

一些跨境互动，但与此同时，阻隔功能的发挥却会塑造国界两侧的异质性，进而诱发新的跨境互动的出现。这导致跨境微区域治理出现如下状况：当国界的阻隔功能与沟通功能达到平衡状态时，跨境微区域治理的成效不断增加；当国界的阻隔功能远远大于沟通功能，或国界的沟通功能远远大于阻隔功能时，诱发性国界得以发挥作用的异质性因素显著下降，跨境微区域治理成效也会随之下降。

3. 一体性国界与跨境微区域治理成效

由于一体性国界所具有的强大沟通性特征，跨境微区域治理过程中会出现如下状况：当国界的沟通功能增强时，跨境微区域治理的成效不断增加；当国界的阻隔功能增强时，跨境微区域治理的成效出现下降。这种状况的出现是由于一体性国界的存在，该地区跨境微区域治理活动主要意在增加国界两侧的接触，实现微区域内的一体化，而那些试图阻隔跨境交流和互动的政策则会对微区域一体化进程及治理成效起到负面作用。

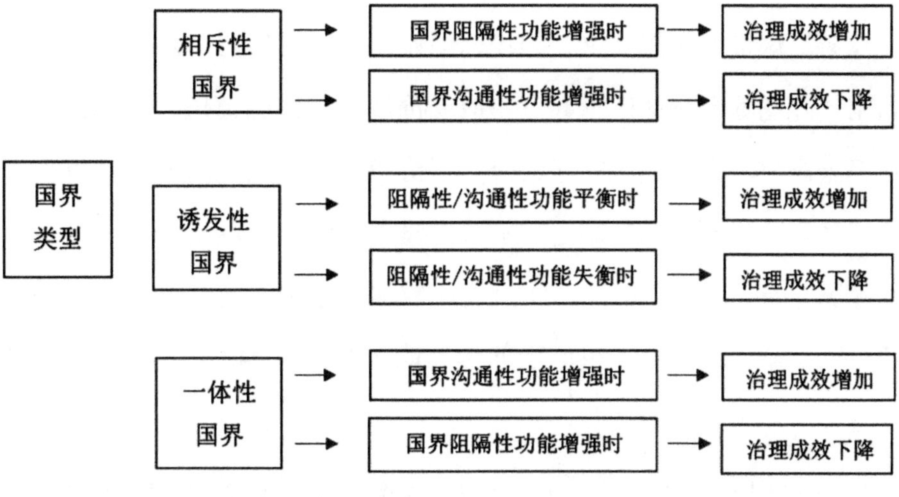

图 1　国界类型与跨境微区域治理成效

三、案例分析

本文采用典型案例法来分析不同类型的国界对跨境微区域治理成效的影响。所谓典型案例法，是指所选取的案例代表了人们所认为的一组典型值，通过对所关注的案例进行研究有助于理解某个更普遍的现象，能够代表更多的个案。[①] 针对前文提到的三种情境，文章选取了三个案例。案例中涉及的所有国界都已经得到国际社会的普遍承认，不存在国界争端，且都已经至少持续存在半个多世纪以上，属于稳定国界，因此可以很好地剔除干扰性因素和偶然性因素。此外，所有国界都曾在不同历史时期出现较大幅度的国界政策变迁，国界的阻隔性/沟通性功能在不同时期有着不同程度的体现。因此，三个案例符合典型案例法所要求的案例选择标准。

（一）德国—捷克地区的跨境微区域治理

第二次世界大战前夕，纳粹德国通过《慕尼黑协定》吞并了捷克斯洛伐克的苏台德地区，并对当地反抗者实行残酷镇压。二战结束以后，德国将苏台德地区归还给捷克斯洛伐克，两国之间的国界也得以最终确定。然而在国界划定后不久，捷克斯洛伐克便出台了《贝奈斯法令》（*Beneš Decrees*），以此报复此前纳粹德国对捷克斯洛伐克的侵略行为。依据该法令，祖居于苏台德地区的大约 240 万名德意志人被

① 约翰·吉尔林：《案例研究：原理与实践》，黄海涛、刘丰、孙芳露译，重庆大学出版社，2017，第 69—70 页。

迅速驱逐出境，这些人最终被安置在国界另一侧的巴伐利亚地区。[①]冷战期间，由于这条国界线与东西方之间所形成的"铁幕"相重合，因此这一区域的跨境交流与互动几乎完全被切断。

冷战结束以后，德国与捷克斯洛伐克之间的关系开始回暖。1990年，德国—捷克斯洛伐克国界开放，容许两国居民免签证旅行；1992年，两国签订了《睦邻友好合作条约》，意在推进经济、教育等领域的跨境合作。与此同时，在欧共体以及之后欧盟的积极推动下，德国—捷克斯洛伐克国界沿线先后建立了四个"欧洲区域项目"（Euroregions Project）的试验点，主要通过音乐会、艺术展览以及青年交流等小型项目来促进跨境合作治理。[②]

然而在此背景下，德国—捷克边境区所具有的分离属性并没有得到根本性缓解，边境区民众之间的对抗性思维依然持续存在。例如，就德国一侧而言，曾经被驱逐的历史依然萦绕在当地许多民众的记忆之中，要求捷克归还其祖居地财产的要求依然非常强烈；与德国其他地区的民众相比，当地民众对捷克人的看法要消极得多。而就捷克一侧来说，当地居民则对二战期间纳粹德国的侵略怀恨在心，对被驱逐出苏台德的德意志人的苦难并不同情，而对归还财产的主张则予以坚决反对。与此同时，随着跨境互动的不断深入，国界两侧并没有形成良好的合作关系，住房、企业、劳动力等领域的竞争愈演愈烈，地方政府之间政治互信度较低，竞争性的政策相继出台。与西欧许多地区的跨境微区域治理相比，德国—捷克边境区的跨境微区域治理成效甚

---

① 舒笙：《中欧：成问题的贝奈斯法令》，《国际展望》2002年第20期，第86—89页。

② Susanne Rippl, Nicola Bücker, Anke Petrat, et. al., "Crossing the Frontier: Transnational Social Integration in the EU's Border Regions," *International Journal of Comparative Sociology* 51, no. 1/2 (2010): 5-31.

微，其中一个突出体现就是尽管两国边境地区的文化活动很活跃，但其带来的经济增长率低下。[①] 跨境交流与互动的增加并没有给德国—捷克边境地区带来良好的治理成效。

（二）埃及—利比亚地区的跨境微区域治理

20世纪初期，埃及和利比亚分别遭受英国、意大利两国的殖民统治，其间，英意两国按照几何线的方式划定了彼此的势力范围。二战结束以后，埃及和利比亚两国先后摆脱殖民统治宣告独立，但依然沿用了此前殖民地时期的国界线。这种几何式的国界在埃及—利比亚边境地区催生了诸如阿瓦拉德·阿里（Awlad 'Ali）等贝都因人的跨境游牧部落，这些部落通过亲缘关系、部落认同等方式构建了一套系统且强大的跨境信任网络。[②]

自20世纪60年代以来，随着利比亚经济的不断发展，国界两侧诸多商品的价格差距不断拉大。在此背景下，凭借长期以来所形成的跨境信任网络，埃及一侧的许多部落成员开始了小额的单向跨境贸易。这些贸易活动在很大程度上改善了埃及一侧边疆民众的生活质量，并推动了诸如马沙马特鲁（Marsa Matrouh）等边境旅游城市的兴起。与此同时，借助于较为宽松但又比较有效的国界管控措施，加之当地长期存在的部落习惯法，埃及—利比亚边境区在较长一段时间内

---

① Roberta Capello, Andrea Caragliu and Ugo Fratesi, "Measuring Border Effects in European Cross-border Regions," *Regional Studies* 52, no. 7 (2017): 8-9.

② Thomas Husken, "The Practice and Culture of Smuggling in the Borderland of Egypt and Libya," *International Affairs* 93, no. 4 (2017): 897-915.

的治理效果较好，社会秩序也基本稳定。[①]

然而自 2011 年“阿拉伯之春”运动爆发以来，由于利比亚和埃及先后出现国内政治动荡，两国对国界的管控能力开始大幅下降，两国国界的阻隔性/沟通性功能失衡。在此背景下，既有的跨境贸易网络突破了正常商品流动的界限，进而为跨境大规模武器走私提供了便利。这种武器走私活动加剧了利比亚和埃及两国的国内政治动荡，同时也导致了埃及—利比亚边境区社会的整体性失范。[②]

（三）美国—加拿大“卡斯卡迪亚”地区跨境微区域治理

“卡斯卡迪亚”（Cascadia）地区指西北太平洋沿岸，美国西北部与加拿大西南部毗邻的区域，该区域包括美国一侧的华盛顿州、俄勒冈州和加拿大一侧的不列颠哥伦比亚省。自 19 世纪以来，随着渔业、毛皮等贸易的发展，该地区一度呈现出极为繁荣的景象。1842 年，美国与英国在华盛顿签订了解决美英双方关于美加边界争端的《韦伯斯特—阿斯伯顿条约》（*Webster-Ashburton Treaty*），依据该条约，美国和当时英属殖民地之间的界线得以划定。国界划定后，国界对该区域发展所造成的阻隔效应开始不断上升，特别是 1867 年加拿大获得自治权以后，该区域在国际贸易中的地位急剧下降。进入 20 世纪之后，虽然美加两国在该区域的国界管控并不严格，但是在国界的阻隔效应影响下，美加两国在该区域的公共设施建设、教育、医疗、就业、文化等

---

① Thomas Husken, “The Practice and Culture of Smuggling in the Borderland of Egypt and Libya,” *International Affairs* 93, no. 4 (2017): 899–902.

② Thomas Husken, “The Practice and Culture of Smuggling in the Borderland of Egypt and Libya,” *International Affairs* 93, no. 4 (2017): 907–910.

众多领域所制定的政策上体现出了很强的差异性。与此相并存的是，由于区域均远离美加两国的核心区，因此国界两侧的民众对被自己所在国“边缘化”的感知都比较强烈，所以对跨界合作的意愿也日渐增强。①

20世纪80年代以来，该区域出现了一系列的跨境环境问题。尽管美加两国联邦政府对环境治理的动力不强且行动迟缓，然而由国界两侧地方政府和社会组织为核心的“自下而上”式的自发性跨境合作治理活动却大量出现。此后，跨境合作的范围不断扩展，从环境领域逐渐延伸到贸易、金融以及公共基础设施等诸多领域。到20世纪末，该区域的跨境合作治理已取得极大的成功，被看作全球化时代消除国界束缚的“标杆区”，许多人也开始将该区域称为“卡斯卡迪亚”，即一块与美国和加拿大其他地方都不相同的独立空间。②

“9·11”事件发生以后，美国基于国家安全的考虑曾短暂关闭了美加边界。之后虽再度开放，但国界管控力度大幅增强，《智能边界声明》(*Smart Border Declaration*, 2001)、“集装箱安全倡议”(“Container Security Initiative”, 2002)、《安全和繁荣伙伴关系》(*Security and Prosperity Partnership*, 2005)框架协议等意在加强国界监管的政策措施先后出台。上述措施对“卡斯卡迪亚”地区的发展造成了显著影响：一方面，国界管控的加强使该区域的经济发展受到了很大的限制；另一方面，则诱发了当地民众的焦虑情绪，各种“非法”跨界活动也时有发生。面对这种状况，“卡斯卡迪亚”地区美加两国地方政府与两国联

① Emmanuel Brunet-Jailly, “Cascadia in Comparative Perspectives: Canada-U. S. Relations and the Emergence of Cross-Border Regions,” *Canadian Political Science Review* 2, no. 2 (2008): 104-124.

② Emmanuel Brunet-Jailly, “Cascadia in Comparative Perspectives: Canada-U. S. Relations and the Emergence of Cross-Border Regions,” *Canadian Political Science Review* 2, no. 2 (2008): 104-106.

邦政府进行了多轮的协调和博弈。最终的结果是联邦政府改变了一些国界管控手段，例如将护照改为信用卡、使用生物识别技术等，以减少通关时间；与此同时，积极鼓励由国界两侧诸种地方行为体所主导的防止恐怖主义渗入的行动。国界阻隔效应的消逝和跨境交流与互动的再度增强促使“卡斯卡迪亚”地区成为美加之间的跨国创新走廊，[①]有效促进了这一区域的创新协同发展。[②]

四、结语

冷战结束以来，区域研究和区域治理的理论与实践发生了由区域向次区域、微区域的转向。在上述理论和实践背景下，本文对跨境微区域及其治理成效的影响因素展开了研究。研究发现，国界类型对跨境微区域治理成效有着重要影响：相斥性国界、诱发性国界和一体性国界会对跨境微区域治理成效带来不同的影响；同一类型国界又会由于其在不同时期阻隔性/沟通性功能的不同而对跨境微区域治理成效产生不同影响。除理论价值外，这一发现也对现实存在的跨境微区域治理实践具有一定的启示。例如，近年来，随着中国“一带一路”倡议的不断推进，中国与沿线国家以及各沿线国之间跨境微区域治理的成效将会对“一带一路”所追求的“互联互通”“拓展国际合作新空

---

① 张宓之、裴文乾、何雪莹：《美国—加拿大“卡斯卡迪亚”创新走廊建设模式与协同机制研究》，《创新科技》2022年第12期，第81—88页。

② 《跨国创新走廊：贯穿美国加拿大的“卡斯卡迪亚”何以成功》，网易，2020年12月31日，https://www.163.com/dy/article/FV5V58J20511D98B.html; Jonathan Kent, “Border Bargains and the ‘New’ Sovereignty: Canada-US Border Policies from 2001 to 2005 in Perspective,” *Geopolitics* 16, no.4 (2011): 793-818。

间”和“提高国内各区域开放水平”等目标产生重要影响。在推动共建“一带一路”的进程中，需要重视跨境微区域治理中的国界因素，既要依据国界的不同类型来制定相应的跨境微区域治理政策，又要依据实际情况的变化不断调整国界阻隔性/沟通性功能的发挥，从而进一步优化跨境微区域治理结构，不断提升“一带一路”沿线跨境微区域治理水平。

中日韩海洋环境治理机制研究：层次、障碍及展望*

李佳兴　李雪威**

摘　要　中日韩作为休戚与共的海洋邻国，在海洋环境治理领域拥有共同利益与合作基础，形成了粗具规模的区域合作网络，构建起多边、双边与域外等不同层次的合作机制。然而，这种治理模式仍然面临着机制内治理权竞争矛盾、三国利益目标差异化、合作机制缺乏约束效力以及新冠肺炎疫情负面冲击等不利因素。着眼于未来，中日韩三国应该转变治理模式，基于现有的国际机制构建相互包容的治理格局，创新治理模式，完善海洋环境治理机制细则，提升组织协调能力与法规强制力，推动“中日韩+”模式在海洋环境治理领域的运用。此外，中日韩海洋环境合作的模式极具代表性，可为三国开展非传统安全的治理与合作提供经验借鉴。

关键词　中日韩；海洋环境治理；国际机制；区域合作

---

* 本文系2022年山东省社科基金项目“山东省推进中韩全球海洋中心城市建设合作研究”、2022年山东大学人文社科研究重大项目的阶段性成果。

** 李佳兴，山东大学东北亚学院国际政治博士生，主要研究方向：海洋环境政治、非传统安全问题；李雪威，山东大学东北亚学院教授、博士生导师；山东大学国际问题研究院海洋战略与发展研究中心执行主任，主要研究方向：海洋战略与海洋治理、东北亚区域安全与合作。

2022年时值中日建交50周年，中韩建交30周年。但身处百年未有之大变局中，中日韩三国的传统安全合作却陷入相对停滞状态，鉴于此，三国更加注重低敏感的非传统安全合作，推动“由低至高”安全合作的过渡化。事实上，中国在2019年提出的“中日韩蓝色经济合作倡议”即将海洋作为合作新领域，[①]推动蓝色合作新引擎，力促三国关系的进一步升级。

中日韩海域相邻，海洋的流动性、连通性使三国命运休戚与共。黄海、东海与日本海海域因经济发展迅速，航线密度高，面临着原油泄漏，有害、有毒物质污染以及海水富营养化的环境风险，大量的海洋废弃物也侵蚀着海洋生态安全。鉴于海洋环境问题的跨界性与流动性，其治理就需要域内国家建立有效的国际机制来开展深层合作。区域合作的成败不在于统一的道德标准，而是各国合作意愿与国际机制的制约作用，尤其后者的作用更为显著。[②]因此，建立国际机制有助于增强中日韩海洋环境合作的协同力，优化配置治理资源，降低交易成本，拓展三国环境治理领域与范围，塑造区域环境利益共同体。中日韩三国自20世纪90年代起便开始尝试构建多边及双边机制来开展海洋环境治理合作，经过30年的发展演变，该地区已形成具有相应规模的合作网络，涵盖区域行动计划、政府间会议与对话机制、区域海洋保护协定、环境合作倡议等。本文根据机制作用的范围，以层次为研究架构，将中日韩海洋环境合作划分为三国主导的多边合作、双边合作以及域外合作等层次，探寻其内在的互动关系与治理模式，并为该地区深化海洋环境合作提出切实可行的对策。

---

① 李雪威：《东北亚海洋圈的构想与构建》，《东亚评论》2020年第2期。

② 王杰：《国际机制论》，新华出版社，2002，第215—217页。

一、中日韩海洋环境治理机制的层次构成分析

中日韩在海洋领域中冲突与合作并存，权力冲突与利益互动博弈凸显，并由此形塑了复杂的地区间关系。三国在经历“牺牲环境式”的经济发展阶段后，步入关注“可持续发展”的阶段，海洋治理的意愿逐步增强。自 20 世纪 90 年代起，三国围绕海洋环境合作议题构建起多边合作机制、双边合作机制以及域外合作机制，形成具有区域特色的多层次海洋治理模式。

（一）以中日韩为核心的东北亚海洋环境多边合作机制

按作用范围来划分，中日韩海洋环境治理的多边机制是地区性机制，指的是某一区域内的国际行为体，主要是国家行为体所共同遵守的国际机制。[①] 在以中日韩三国为核心的机制中，西北太平洋行动计划（NOWPAP）专注海洋环境治理，而东北亚次区域环境合作计划（NEASPEC）与中日韩环境部长会议（TEEM）主要承担综合环境治理的职能，部分涉及海洋环境治理的议题。

21 世纪前，以中日韩为核心的海洋环境合作处于多边机制的构建阶段，具体治理行动还未展开。1992 年的联合国环境与发展大会后环境治理进入“集团时代”，在日韩环境研讨会与东北亚环境合作会议（NEAC）的基础上，东北亚地区首个多边环境合作机制——东北亚次区域环境合作计划于 1993 年正式确立。该机制主要针对跨界空气污

① 王杰：《国际机制论》，新华出版社，2002，第 44 页。

染、土地荒漠化等环境议题，缺乏对海洋环境的重视。1994 年西北太平洋行动计划的建立弥补了东北亚区域海洋治理的机制缺失，在西北太平洋行动计划成立初期，海洋环境问题并未凸显，因此并没有大量展开具体的治理实践工作，仅通过建立共同条约、协定等一系列“软法”来约束各国开发海洋资源的行为。随着海洋环境的持续恶化与中日韩之间相互依赖的增强，三国于 1999 年成立了中日韩环境部长会议，致力于以战略统筹的方式解决中日韩共同面临的环境问题。

进入 21 世纪，三国的多边机制合作成果逐步丰富。其一，西北太平洋行动计划依托四个区域活动中心开展治理工作，中日韩分管数据信息网络、环境监测评估、海上应急响应等领域。2004 年，西北太平洋行动计划通过《西北太平洋地区海洋污染防备与反应区域合作谅解备忘录》及《西北太平洋行动计划区域溢油应急计划》（2008 年修订为《西北太平洋行动计划区域溢油与有害和有毒物质泄漏事故应急计划》）；2005 年，西北太平洋行动计划决定开展区域海洋垃圾治理活动；2010 年后该机制逐步完善，与其他环境治理组织的合作关系也进一步深化，为东北亚地区乃至世界范围内的海洋环境合作提供经验借鉴。其二，东北亚次区域环境合作计划在 2012 年第 17 次高官级会议上首次涉及海洋环境问题，各国达成建立海洋保护区的共识。2015—2017 年，该机制倡导通过知识共享来加强区域合作，并强化对海洋保护区的指导与监督。2017 年，东北亚次区域环境合作计划与黄海大海洋生态系统战略行动计划（YSLME SAP）共同组织国际研讨会，探讨海洋保护区的整改议题，并决定将保护区的覆盖范围扩大至10%。[1] 考虑到海洋生态系统的跨界性质，东北亚次区域环境合作计划建立了东北亚海洋保护区网络（NEAMPAN），为成员提供经验分享和集体培训，[2] 截至2021年，中日韩三国共设立了10个东北亚海洋保护区网络，成为信息共享、联合评估监测以及建立伙伴关系的重要平台。其三，中日韩环境部长会议2015年开始关注海洋垃圾治理与生态保护领域，将海洋环境保护列为优先发展领域。为提升该机制治理的实践能力，与西北太平洋行动计划共同组织海洋环境保护合作活动。[3] 中日韩环境部长会议通过认知治理建立三国环境部门的良好互动关系，以规范治理保持环境协议的紧密联系，利用国家政策的权威性塑造治理秩序。[4] 由于三国政府参与度较高，所以该机制的政治偏向性强，而治理功能稍显弱化。

表1　以中日韩为核心的主要的海洋环境治理多边机制

名称	成员	成立时间（年）	主要领域
东北亚次区域环境合作计划（NEASPEC）	中国、朝鲜、日本、蒙古国、韩国和俄罗斯	1993	政府间机构，主要应对海洋塑料垃圾、海上溢油、生物多样性保护、排放污染

① "International Seminar on Marine Protected Areas in YSLME and North-East Asia," NEASPEC, March 12, 2022, https://www.unescap.org/sites/default/files/Programme%20for%20the%20International%20Seminar%20on%20Marine%20Protected%20Areas%20in%20YSLME%20and%20North-East%20Asia.pdf.

② "Review of Programme Planning and Implementation: Strengthening Subregional Cooperation on Marine Environment," (paper presented at Seventeenth Senior Officials Meeting of NEASPEC Literature, Chengdu, China, December 20, 2012).

③ "TCS Attended the 2020 NOWPAP-TEMM Joint Workshop on Marine Litter Management," TEEM, accessed December 19, 2021, https://tcs-asia.org/en/board/news_view.php?idx=3666.

④ 薛晓芃：《东北亚地区环境治理的路径选择：以中日韩环境部长会议机制为例》，《太平洋学报》2020年第3期。

续表

名称	成员	成立时间（年）	主要领域
西北太平洋行动计划（NOWPAP）	中国、日本、韩国、俄罗斯	1994	政府间机构，海洋治理领域主要涉及海洋保护区的建立
中日韩环境部长会议（TEMM）	中国、日本、韩国	1999	环境部门沟通机制，主要提出有关环境治理的宏观政策与集体倡议

资料来源：作者根据东北亚次区域环境合作计划、西北太平洋行动计划、中日韩三国合作秘书处等官方网站资料整理而成。

（二）中日韩海洋环境治理的双边合作机制

多边机制下，海洋环境虽然得到综合性治理，但由于参与主体的多元化而存在发展缓慢的问题，难以针对个别国家所亟须解决的环境问题提供“治理产品”，而双边机制则有效解决了这个缺陷，其立足于两国特定需求进行专门化合作，可以说是对多边合作的有效补充。中日韩作为海域相邻的国家，也常采用双边模式开展海洋治理。

中日在海洋领域处于争端与协调并存的状态，两国通过中日海洋事务高级别磋商会谈进行定期协商，该会谈成为两国在海洋领域的重要机制。2012 年第一届中日海洋事务高级别磋商会谈在杭州举办，两国的外交部门、国防部门、能源安全部门、环境部门以及交通部门等参加会议，[①] 初次涉及海洋环境议题。2017 年两国决定举办中日海洋

① 《中日举行第一轮海洋事务高级别磋商》，中国外交部网站，2012 年 5 月 16 日，https：//www. fmprc. gov. cn/web/wjdt_674879/sjxw_674887/t932417. shtml，访问日期：2021 年 10 月 9 日。

垃圾研讨会，加强在海洋垃圾监测和微塑料方面的研究交流。[①] 截至2022年，该研讨会已经举办了三轮，在共享海洋环境监测数据以及跨国合作领域取得重要进展。2022年的中日海洋事务高级别磋商中，两国表示要以海洋塑料垃圾防治为切入点，办好2023年中日海洋垃圾合作专家对话平台第四次会议和第四届中日海洋垃圾研讨会，力图建立海洋环境治理的长效机制。

中韩海洋合作稳中有进，海洋环境合作也迎来新契机。1993年签署的《中韩环境合作协定》标志两国环境领域的合作进入新时期，为解决共同存在的黄海海域污染建立了合作基础。[②] 2005年，中韩两国共同建立黄海大海洋生态系统战略行动计划，旨在解决黄海海域的海洋溢油、海洋垃圾以及跨境环境问题，由于可实践性强，该机制也成为东北亚海域互动较为频繁的双边环境合作机制。2015年，中国国家海洋局与韩国海洋水产部签订了《中韩未来五年海洋合作计划（2016—2020）》，双方表示继续支持“中韩海洋核安全监测及预测系统研究”“黄海及东海业务化海洋预报系统开发合作研究”两个中长期合作项目的开展，并加快“基于人工卫星数据的绿潮海洋环境监测研究技术开发”的合作。[③] 2017年，中国生态环境部与韩国环境部签署《中韩环境合作规划（2018—2022）》，并于2018年启动中韩环境

① 『日中海洋ごみワークショップ（第1回）の結果について』、環境省、2017年12月5日、https://www.env.go.jp/press/104827.html、访问日期：2022年4月5日。

② 김대선,「한중환경협력의현황과전망」,『과학기술정책（1991~2017）』, 22권 2호, 2012년, 89-90쪽。

③ 静安：《中韩签署未来五年海洋领域合作规划》，《中国贸易报》2015年11月24日，第4版。

合作中心机构，初步尝试开启两国海洋垃圾联合监测研究等合作项目。[①] 2021年4月，中韩海洋事务对话合作机制首次会议以视频方式举行，两国政府就关心的海洋议题进行讨论，表示要采取必要措施共同应对日本排放核废水的恶劣行为。

日韩两国的环境合作起步较早。1993年，两国政府签署了《日韩环境保护合作协定》之后，建立了“日韩环境保护合作联合委员会”。1998年，在第四届“日韩环境保护合作联合委员会”会议上，两国首次强调西北太平洋地区气候环境与海洋合作的重要性。2006年的第九届会议上，两国商讨了针对日本海沿岸垃圾漂流问题的对策；2012年的第十五届会议上正式与绿色气候基金（GCF）建立合作；在此后定期举办的联合委员会会议上多次就海洋环境治理与保护问题交换意见。[②] 另外，日韩将海洋环境治理嵌入海洋运输业与渔业等相关议题中，2018年，时任韩国海洋水产部部长金荣春在与日本大使商议在《日韩渔业协定》的框架下，定期召开韩日渔业联合委员会航运会议和海洋环境交流合作会议。

在非政府行为体层面，中日韩的民间智库组织与科研单位也为海洋环境保护领域贡献重要力量。三国非政府行为体的双边合作以海洋环境科学交流为主，并辐射至科研界、教育界以及企业界，合作方式多样化，氛围也更加宽松。2015年10月，暂停了六年之久的“中韩

---

① “22nd Meeting of ROK-China Joint Committee on Environmental Cooperation,” Ministry of Foreign Affairs of the Republic of Korea, January 19, 2018, https://www.mofa.go.kr/eng/brd/m_5676/view.do?seq=319657&srchFr=&srchTo=&srchWord=&srchTp=&multi_itm_seq=0&itm_seq_1=0&itm_seq_2=0&company_cd=&company_nm=&page=1&titleNm=.

② 『日・韓環境政策対話』、地球環境・国際環境協力、https://www.env.go.jp/earth/coop/coop/dialogue/japan_korea.html、访问日期：2021年4月28日。

黄海海洋环境共同调查”重启，由韩国海洋环境管理公团和中国环境监测总站的科学家参加联合调查，对黄海水域进行水质监测。[①] 2020年，中韩两国黄海环境联合调查继续深入进行，调查海底沉积物、深海生物等43个项目，由两国科学家共同撰写报告书。[②] 中韩两国还经常动员两国大学生以及社会团体参与海洋环境保护行动，分享海洋保护知识、鼓励社会团体为海洋垃圾的清理建言献策。日本著名海洋政策研究智库笹川和平财团海洋政策研究所（OPRI-SPF）与中国南海研究院（NISCSS）搭建起合作研讨的沟通渠道，决定启动联合研究项目。在两国科学技术部的支持下，2021年举办“中日高层次科学家研讨交流活动（海洋环境）”，聚焦当下热门的海洋能源与环境保护技术议题，[③] 并为环境监测、海洋生态修复、微生物量碳和海洋碳汇等相关研究提供对话平台。

（三）中日韩海洋环境治理的域外合作机制

中日韩海域内的多边与双边机制中，由于利益复杂交织，三国不可避免会对治理话语权展开争夺，加剧机制内耗。而域外合作机制的构建弱化了中日韩的内部竞争，凝聚三国环境治理共识，优化治理资源配置，促进国家间合作关系的达成。中日韩将海洋环境合作的视野

---

① 이은경，「한중황해해양환경공동조사중단 6 년만에다시개시」，『인천일보』，2015 년 10 월 22 일，http://www.incheonilbo.com/news/articleViewAmp.html?idxno=665534，访问日期：2021年6月20日。

② 陈嘉楠：《中韩联合开展黄海海洋环境调查》，中国海洋发展研究中心，2020年9月29日，http://aoc.ouc.edu.cn/2020/0929/c9829a301027/page.htm，访问日期：2021年8月27日。

③ “China-Japan High-level Experts Symposium on Marine Environmen,” Centre for Marine Socioecology (CMS), July 5, 2021, https://marinesocioecology.org/japan-china-high-level-experts-symposium-on-oceanographic-science/.

延伸至北极与东南亚海域，虽然三国是该海域的次要关联国家，参与构建机制也必会受到“域外国家”身份的影响，但三国在域外海域进行治理的意愿逐步增强，协作默契度不断提升，合作机制也逐步成形。

北极环境问题在近几年受到国际社会的广泛关注，海洋环境污染影响到沿岸居民的生活、自然资源与渔业资源的开发以及海上航道的开辟等，深刻关系着北极沿岸国家和域外国家的海洋利益。中日韩三国也意识到北极环境治理的必要性，但在北极地区唯一的正式治理机制——北极理事会（Arctic Council）之中，三国身为观察员国难以拥有实际权力，仅仅扮演“旁观者”的角色。为谋求在北极治理领域的话语权，2015 年 11 月三国领导人发布《关于东北亚和平与合作联合宣言》，决定启动中日韩北极事务高级别对话机制，探索在北极的域外合作方式。2016 年 4 月 28 日，中日韩举办有关北极事务的首次高级别对话，明确开展北极合作的指导原则，并一致表明在北极环境与气候治理上的决心。在 2017 年 6 月 8 日进行的第二轮北极事务高级别会议中，三国政府以环境科学研究作为切入点，确立具体科研合作项目，邀请专家进行具体环境项目合作的商谈，为北极理事会的“北极太平洋扇区工作组”（PAG）以及 2020 年夏季进行的“北极全面调查”（SAS）提供支持；[①] 在 2018 年与 2019 年的第三、第四轮北极事务高级别对话中，三国继续深化对北极地区海洋环境的科学研究，并相继出台北极环境保护政策。

另外，中日韩还通过“东盟 10+3”机制参与到东南亚地区的海

① 《第二轮中日韩北极事务高级别对话联合声明》，中国外交部网站，2017 年 6 月 14 日，http://www.fmcoprc.gov.mo/chn/xwdt/wjyw/t1470182.htm，访问日期：2021 年 7 月 4 日。

洋环境治理中。东盟10国与中日韩在2018年提出海洋塑料废弃物的合作行动倡议，主张通过多边国际合作进行海洋废物管理和海洋废弃塑料的3R处理，[①] 并于2019年3月举行东盟海洋垃圾特别部长级会议，探索建立海洋塑料垃圾区域知识中心（RKC-MPD）的可能性。[②] 在《10+3合作工作计划（2018—2022）》文件里也体现中日韩三国参与到东南亚地区海洋环境治理中的必要性。东盟国家力推“APT”（ASEAN Plus Three）的环境合作模式，以“10+3”为结构基础，建立多层级、多部门的会议机制，例如，“东盟10+3”高级官员环境会议（APTSOME）和“东盟10+3”环境部长会议（APTEMM），旨在打造东南亚与东北亚海洋环境治理的联动格局，加强中日韩与东盟国家在适应海洋气候变化以及开发、转让和应对气候变化技术方面的合作，促进海洋环境的综合治理合作。

中日韩与东盟国家还通过丰富其他机制合作，来提升海洋环境治理的协同性。例如，东亚海环境管理伙伴关系计划（PEMSEA），作为东亚海可持续发展战略（SDS-SEA）[③] 的区域协调机制，东亚海环境管理伙伴关系计划与各部门联系紧密，为该战略提供专业环保知识和技术支持。东亚海环境管理伙伴关系计划采用沿海综合管理的方式，积极建立政府间和部门间伙伴关系，并通过创新环境政策工具为海洋环境治理注入活力。在东亚海环境管理伙伴关系计划的沿海可持续发

---

① 环保概念中的3R指的是减量化（reduce）原则，再使用（reuse）原则，再循环（recycle）原则。

② “Status of Research, Legal and Policy Efforts on Marine Plastic in ASEAN+3,” UN Environment Programme, July 28, 2021, https://www.unep.org/resources/report/status-research-legal-and-policy-efforts-marine-plastics-asean3.

③ 东亚地区14个国家的共同的海洋环境治理战略，由联合国开发计划署、国际海事组织和联合国项目事务署负责执行。

展地方政府网络中，中日韩三国的地方政府成员占据整个网络的38%，[①] 为提升地方政府规划、开发和管理沿海资源的能力贡献重要力量。部分东盟国家与中韩在联合国环境规划署（UNEP）的支持下加入东亚海协作体（COBSEA），该机制聚焦于治理东亚海域的海洋废弃物，通过构建政府参与的工作组联络中心和专家组成的区域工作组来协调治理。

表 2　中日韩域外海洋环境合作机制

域外地区	名称	成员	成立时间（年）	主要领域
东南亚地区以及东亚地区	东亚海协作体（COBSEA）	东盟国家与中韩	1993	政府间机构，聚焦于东南亚地区，但治理职能欠缺，仅仅扮演协调角色，负责监督“东亚海域海洋环境及海岸地区保护及发展行动计划”（简称“东亚海行动计划”）的执行
	东亚海海洋污染防治与管理计划（MPP-EAS）	东盟国家与中韩	1994—1999	政府间机构，建立长效战略和机制来支持政府和非政府机构进行海洋环境保护与治理
	东亚海环境管理伙伴关系计划（PEMSEA）	东盟国家与中日韩	1999	政府间机构，用海岸带综合管理的方式，提供跨学科研究的方法，具有环境保护、沿海资源开发、协调国家间关系等功能
	“东盟 10+3”环境部长会议（APTEMM）	东盟国家和中日韩	2002	政府间机构，以雾霾与大气治理为主，2019 年首次提出针对海洋垃圾治理与塑料污染的举措

① “Network of Local Governments for Sustainable Coastal Development,” Partnership in Environmental Management for the Seas of East Asia(PEMSEA), accessed June 1, 2022, http://pemsea.org/about-pemsea/our-network/local-governments.

续表

域外地区	名称	成员	成立时间（年）	主要领域
北极地区	中日韩北极事务高级别对话机制	中日韩	2016	政府间机构，进行北极地区的环境科学与气候治理研究，协助出台相关北极政策

资料来源：作者根据联合国环境规划署、东亚海协作体、东盟秘书处等官方网站整理而成。

二、中日韩海洋环境治理机制发展的障碍

海洋环境治理具有整体性、关联性，单一国家或地区难以承担来自整个区域的治理任务，而机制化的合作便极为有效地解决了这种困难。但机制的存在也为区域环境合作带来现实考验，如机制内部治理“话语权”的争夺、各国治理意愿的差异化造成的掣肘、机制自身约束力的缺失，还有日渐增长的全球性公共卫生风险也给海洋环境合作增添诸多不确定性因素。

（一）机制内部的“权力”与“利益”之争

德国著名国际机制理论家哈森克莱弗（Andreas Hasenclever）等按照不同学派机制理论的侧重点，将国际机制理论划分为基于权力（power-based）、基于利益（interest-based）和基于共识（knowledge-based）三类。[①] 因为环境问题淡化了政治身份的差异，所以中日韩的

① Andreas Hasenclever, et al., *Theories of International Regimes* (London: Cambridge University Press, 1997), p. 2.

海洋环境合作机制主要面临“权力”与“利益”层面的二元矛盾。例如，行为体之间的权力资源分配影响机制的内部平衡；国家绝对利益与相对利益的矛盾也使区域机制的实践面临不确定性。对应到中日韩海洋环境治理机制中，各国治理权力的竞争与优先利益目标异化阻碍着合作的深入。即使三国在海洋环境保护的意愿上达成了初步的共识，但在环境治理的相对利益以及“规范性力量”的权力分配上仍存在分歧，这种分歧也体现出海洋治理已经嵌入地缘政治利益之中。

首先，日韩两国之间存在着对环境治理的“规范性力量”的竞争，这种“规范性力量”与国家权力密切相关，① 是一国根据其实力来塑造国际规范与标准的能力。日韩在海洋环境治理方面拥有积极的意愿与充足的能力，那么双方必然会对海洋治理话语权与权力展开争夺。一方面，韩国与日本在区域合作机制内部的竞争消耗了内部合作的资源。例如，在西北太平洋行动计划内韩日分别设置了驻釜山与富山的办事处，也称区域协调中心。换句话说，日韩共同拥有在中日韩俄四国政府间会议之外的行动决定权，核心职能机构的重复设置必然会导致机制内部相互掣肘，不利于行动统一且需要消耗大量额外的行

---

① “规范性力量”关注的是国际社会中所谓的“规范”应该由谁来界定。当其他行为体的兴趣和想法被纳入某一行为体的战略时，后者将被视为一种“规范性力量”。规范与权力密切相关，因为只有主要的国际行动者才有权力塑造或决定什么是“规范的”，而这也为国际社会中围绕规范及规则制定的竞争奠定了基础。规范性力量更强调吸引力在其中扮演的作用，更强调立足于自身，通过做好内部治理形成优秀经验，进而在地区和全球范围内推广、传播自身的理念规范，吸引其他行为体的借鉴，以此影响和塑造国际关系。参见巩潇泫：《绿色“一带一路”倡议下中国规范性力量的构建》，《东岳论丛》2021 年第 2 期；Emilian Kavalski, “Partnership or Rivalry Between the EU, China and India in Central Asia: The Normative Power of Regional Actors With Global Aspirations,” *The European Law Journal* 13, no. 6 (2007): 839 - 856; Andre Asplund, “Normative Power Japan: Settling for ‘Chinese Democracy’,” *Contemporary Japan* 30, no. 1 (2018): 117 - 134; Ian Manners, “Normative Power Europe: A Contradiction in Terms?” *JCMS: Journal of Common Market Studies* 40, no. 2 (2002): 235-258。

动资金，加剧海洋环境治理赤字。仅在2017—2019年，区域协调中心的预算涨幅就达到了28.3%。[①] 另一方面，日韩之间的竞争也频生机制功能重叠和缺乏协调的现象，东北亚次区域环境合作计划由韩国外交部发起，而中日韩三国环境部长会议（TEMM）由韩国环境部发起，两个机制由于治理领域的相似性而形成了功能重叠。相关国际组织在东北亚海域也启动了类似的合作项目，诸如联合国开发计划署（UNDP）管理的黄海大海洋生态系统战略行动计划与西北太平洋行动计划，这些机制在黄海海域的治理中也加重了功能重叠现象，使机制的治理效率遭受质疑。

其次，中日韩在进行海洋环境治理时依据利益需求而存在不同的优先目标选择，其中韩国对海洋环境治理意愿最为强烈，日本与中国次之。韩国之所以在环境治理中发挥如此积极的作用，是因为它三面环海，其西面与黄海相邻，东面与日本海相邻，南面是朝鲜海峡，受到污染的海域范围广阔。另外，区域合作模式符合韩国政府的外交宗旨，韩国倾向于通过加强东北亚国家之间的合作来治理环境问题，积极推动诸如西北太平洋行动计划、东北亚次区域环境合作计划、中日韩三国环境部长会议等区域多边机制的发展。日本则跳脱出东北亚的地缘范围，倾向选择范围更广的"泛东亚"安排。[②] 例如，日本支持的东亚海环境管理伙伴关系计划，均囊括了东北亚和东南亚数十个国家。可见，日本偏好融入"泛东亚"的格局中，建立东盟国家与日本的联系，借助"泛东亚"格局来拓展其在全球治理领域的影响力。与

① UNEP/NOWPAP/POMRAC, *Report of the NOWPAP Regional Coordinating Unit (RCU) on the Progress in the Implementation of NOWPAP* (Beijing China, October 1, 2020), p. 25.

② Woosuk Jung, "Environmental Challenges and Cooperation in Northeast Asia," *Focus Asia*, no. 16 (2016): 8.

日韩相比，中国的海洋环境治理更迫切的任务在于治理国内污染。这是因为中国正处于经济中高速发展阶段，仍面临诸如环保法规不完善、环保执行力弱、污染排放难以监管等复杂的国内问题。

（二）合作机制缺乏效力与约束力

中日韩之间建立的多边与双边机制多数停留在集体倡议上，受到区域海洋秩序与国际“软法”因素的影响，对相关违反环境法律的行为难以构成约束，而个别国家不负责任的行为也致使三国的海洋环境合作陷入困境。

其一，国际层面上，各国的环境保护行动主要依赖国际法来提供合法性解释。但现有国际法对海洋环境保护行为缺乏强制力与约束力，导致涉及跨国环境治理问题都面临“无硬法可依”的状态，尤其是领海海域的监测治理极易诱发领土主权与海洋权益争端。例如，1982 年确立的《联合国海洋法公约》局限于确立原则性和规范性条款，国际社会也缺乏对违法行为进行监督和惩罚的机构。在《联合国海洋法公约》第十二部分（海洋环境的保护和保全）第七节有关便利司法程序的措施、行使执行权力时避免不良后果的义务、调查外国船只以及有关海洋环境保护等条款的论述都较为模糊，难以形成清晰的权责划分，存在相互矛盾之处；并且类似第二二六条“调查外国船只”的条款就极易与国家主权原则相冲突，难以具体施行。国际层面上的海洋环境保护议题存在法律层面的执行与监督的困难，落实到东北亚地区面临着相同的困难。

其二，区域层面上，中日韩现有的海洋环境机制仍有诸多不足。目前的合作机制大致包含区域行动计划、政府高层会议、政府间协定以及双边的合作论坛等。整体来看，三国之间的合作机制仍然以政府间集体倡议为主，缺乏统一而具体的规制与法律。该区域内诸多政府间与非政府间机制是论坛、会议的衍生品，缺乏专门化治理与技术支持，仅仅充当了战略、学术层面的合作框架。欧洲地区则在共同倡议的基础上建立起了以立法、司法、行政相互支撑的治理体系，而中日韩之间缺乏类似的共同治理基础，无法统一各国在海洋环境治理领域相关法律的实施力度与惩罚措施。三国海洋环境治理常常以决议、宣言或建议等方式出现，这些形式并不要求成员拥有较强的执行力，各国也通常不愿意对限制其主权的行为做出约束。据统计，在 2010—2020 年日本海洋环境违法案件就多达 6408 起，2020 年，日本违反海洋环境法的案件总数甚至达到 758 起，达到近 10 年之最，其中接近 40%的案件与违规处理海洋废弃物和海洋污染相关。[①] 韩国油轮也屡次在境外发生环境污染事件，2021 年 1 月，“韩国化学”（Hankuk Chemi）号油轮因违反海洋环境保护法而遭到伊朗当局的扣押，引发了国际社会的广泛关注。

其三，个别国家不负责任的行为严重损害区域环境治理的效力，并且这种不负责任的行为无法受到应有的监督和惩罚。2021 年 4 月 13 日，日本政府宣布将福岛超过 100 万吨的污染水排入福岛县附近海域，[②] 中韩两国对此行为反应极为强烈。时任韩国总统文在寅称，韩

① Catharina Klein, “Number of referral cases for marine environmental law violations in Japan from 2011 to 2020,” Statista, July 27, 2021, accessed August 4, 2021, https://www.statista.com/statistics/699790/japan-number-of-marine-environmental-law-violations/.

② 『福島第一原発の処理水、海洋放出を政府が決定』、BBCニュースジャパン、2021 年 4 月 13 日、https://www.bbc.com/japanese/56728227、访问日期：2021 年 6 月 29 日。

国政府正积极研究向国际海洋法法庭起诉的方案。[①] 中国政府也敦促日方及时认清自己的错误，履行维护海洋环境安全的义务。而日方坚持强调经处理的废水排放不是从船上倾倒垃圾而是从陆上设施倾倒，因此在《伦敦公约》和《联合国海洋法公约》的法律框架内是没有问题的。[②] 美国在国务院声明中表示支持日本“透明”排放污水的决定，这种不负责任的表态更助长了日本肆无忌惮的违法行为。2022 年 7 月 22 日，日本原子能规制委员会正式批准东京电力公司的福岛第一核电站核污染水排放计划，再次将东北亚海域置于核废水污染的危险境地，引发地区矛盾，损害东北亚乃至亚太地区各国的海洋环境利益。

（三）新冠肺炎疫情蔓延下的负面影响

新冠肺炎疫情蔓延加剧海洋环境污染的风险性，其直接影响体现在海洋废弃物排放量增大、生物多样性受损等方面，加大了中日韩在海洋环境治理中的任务量；而间接影响则体现在环境保护组织动员力弱化以及“逆全球化”思潮损害区域合作等方面。

其一，受到新冠肺炎疫情的影响，海洋医疗与防护废弃物的排放量迅速增大，个人防护设备的生产和使用急剧增长，这些防护用品的不当处理导致了塑料污染的激增。据有关数据显示，在全球疫情蔓延的 2020 年上半年，亚洲地区每日预计产生的医疗废物塑料达到

---

① 길윤형「원전오염수절대용납못해로돌아선정부，한일관계회복힘들다판단」，『한겨레일보』，2021 년 4 월 14 일，https://www.hani.co.kr/arti/politics/diplomacy/990988.htm，访问日期：2021 年 6 月 29 日。

② 『汚染処理水の海洋放出，韓国政府、ロンドン条約・議定書会議で問題提起』、KBS World、2021 年 4 月 19 日、https://world.kbs.co.kr/service/news_view.htm?lang=j&Seq_Code=78778、访问日期：2022 年 3 月 15 日。

953 641吨，高于其他大洲的总和。以国家为单位估算的口罩和全球塑料废物产生量来统计，中日韩三国分别高居第一、第六以及第十八位，而与中日韩相邻海域的国家诸如印度、印尼、俄罗斯等国也是高居第二、第五及第七位，[①] 由于洋流的作用以及海洋的无边界性和流动性，中日韩海域相邻国家所造成的海洋塑料废弃漂浮物往往积累在大量的海洋回流中，造成巨大的海洋环境危害。

其二，新冠肺炎疫情蔓延下，环境保护组织的动员力弱化，国际间交流、协商以及会议的组织模式都发生显著改变。为了减少疫情传播的风险，各国政府与非政府组织纷纷缩减线下会议的议程，许多非紧急性的会议都暂缓开展。第23届西北太平洋行动计划政府间会议在莫斯科举办后，受疫情影响再也没有举办线下的政府会议，而涉及跨国海洋环境保护技术与经验交流的会议也经常以线上的形式来进行。线上交流模式严重影响工作效率，许多环境保护组织的培训计划以及交流项目都被迫推迟。虚拟化的工作模式间接导致中日韩三国的环境保护行动力减弱，使“疫情时代”繁重的治理需求与三国实际行动之间的差距不断扩大。

其三，新冠肺炎疫情蔓延下民族主义与“逆全球化”思潮的甚嚣尘上，对地区合作的发展产生了不可忽视的负面影响，国际社会也对跨国家间合作交流产生悲观情绪，反对全球化的声音也是铺天盖地。新冠肺炎疫情暴露了国际组织机构的弱点与政治分歧，使各国开展多边合作、应对传染病和气候变化的能力和意愿受到质疑。[②] 一方面，

---

① Nsikak U. Bensona and ThavamaniPalanisami, “COVID pollution: impact of COVID-19 pandemic on global plastic waste footprint,” *Heliyon* 7, no. 2 (2021): 3-6.

② 王栋、王怡旺：《新冠肺炎疫情下的逆全球化？再全球化?》，《中央社会主义学院学报》2020年第3期。

疫情影响中日韩三国间民众的相互信任。根据皮尤研究中心 2020 年 10 月的统计数据，日韩两国大部分民众对中国应对新冠肺炎疫情的对策持质疑态度。[①] 这证明日韩民间对中国还存在很大程度的误解，不利于区域合作意识在中日韩民间舆论层面的形成。另一方面，新冠肺炎疫情在全球范围持续蔓延，各国为了防疫纷纷采取“社交隔离”措施，限制跨国间人员交流与互动，这延缓了海洋环境治理项目的进度，使大量治理项目陷入停滞状态。从国内政治方面来看，“疫情时代”滋生政治保守主义、民族主义与民粹主义，并且西方国家所倡导的保护主义与极端化思潮也对中日韩“环境治理共同体”产生不小的负面影响。

三、中日韩海洋环境治理机制发展的展望

国际机制研究侧重宏观政策性分析与机制架构补充，为中日韩提供海洋环境合作的方向性建议，并试图找寻三国合作的创新性优势，建立不同于欧美国家的治理机制，以适应东北亚地区利益与合作偏好，实质上促进三国在海洋合作领域的包容度、组织力与协同性。

（一）转变海洋治理模式：建立“相互包容”的治理格局

传统的海洋环境治理模式是一种环境管理模式，注重于管理技术、政府规制以及产权划分对环境问题的影响。这种治理模式相对刻

① Laura Silver, Kat Devinand Christen Huang, “COVID-19 outbreak poorly,” Pew Research Center, October 6, 2020, accessed April 25, 2022, https://www.pewresearch.org/global/2020/10/06/unfavorable-views-of-china-reach-historic-highs-in-many-countries/.

板，难以应对日益纷繁复杂的环境治理挑战，并且与全球治理的流行趋势相背离。如今的海洋环境治理需要建立“相互包容”的治理格局，以参与式管理突出地方治理的重要性和公众参与的力量，体现主体特征、覆盖范围、权力结构以及工作方法的转变。[①]

目前，中日韩海洋环境治理的主体仍然是主权国家与地方政府，而民众、地区组织特别是跨国企业等非政府力量在治理中存在缺位现象。这就要求，首先，实现治理主体的“相互包容”，未来中日韩的海洋环境治理应注重主体多元化、互联互通型关系的构建，从之前政府引领下的“单中心”治理状态转变到政府与非政府行为体“双中心”的治理状态。具体可以从以下三个层面入手：一是加大海洋环境合作在民众间的宣传力度。未来三国间的多边合作机制可以深入民间环保科普领域，举办类似大学生清理海岸、跨国间志愿者行动等活动。重视科研机构的作用，打造诸如中国南海研究院、笹川和平财团海洋政策研究所、韩国海洋战略研究所（KIMS）智库联络渠道。二是注重与民间环保组织展开合作。中日韩拥有类型丰富的环保组织机构，若能调动这些组织的资源优势，加强信息交流与交换，将会极大限度提升治理效力。三是在海洋环境治理中引入市场机制。中日韩可以建立类似于海洋塑料垃圾区域知识中心的机构，收集和共享有关私营公司的业务活动信息，在提高准入原则的基础上，有序引进市场行为体，让私营企业参与到环境治理项目之中，最大化私营企业募集资金与技术创新的优势。

其次，各国政府需要形成“利益”与“权力结构”的“相互包

---

① 龚虹波：《海洋环境治理研究综述》，《浙江社会科学》2018 年第 1 期。

容”。中日韩三国在海洋环境治理领域拥有各自的利益优先选项，倘若能将这些优先选项融合成区域环境治理的共同意志，就能实现合作的“最优解”。一方面，若要在国家利益层面相互“包容”，中日韩三国应形成海洋环境危机意识，针对环境议题达成核心目标与次要目标的共识。三国应明确海洋环境合作的核心目标就是抑制海洋环境恶化的趋势，次要目标是选择各国所偏好的区域机制与合作方式。另一方面，需要日韩两国弱化在机制中“规范性力量”的竞争，在不触犯国家利益原则的基础上选择适配的合作路径。如今，非传统安全领域的影响力日益受到各国重视，但实际领导力还是要落实在具体责任与义务之上，中日韩之间可以构建一种柔性化的合作机制，在保持高层政府领导权威性的同时，实现环境治理的集权与分权的统一。①

最后，中日韩三国应注重在合作范围上的“相互包容”。海洋环境是海洋治理框架中的重要组成部分，应积极与其他海洋领域的合作产生共鸣，形成多领域、宽范围的联动式治理架构。以海洋环境合作为核心，实现海洋经济产业合作、海洋渔业合作、海洋能源合作以及海洋勘探技术合作间相互促进，推动区域合作模式多元化发展。在 2019 年的东亚海洋合作平台青岛论坛上，中日韩三国将“蓝色发展”新思维融入战略部署，中国继续落实“海洋命运共同体”理念，日本利用二十国集团大阪峰会推出“蓝色海洋愿景”，韩国则设定 2018“海洋经济再腾飞元年”和 2022“世界第五海洋强国”的目标。基于此，中日韩对加强海洋合作的共识将更加强烈，区域海洋合作将享有巨大的空间和机遇。

---

① 刘泽照：《从碎片化到整体性：地方跨界环境治理的应然路径》，《治理现代化研究》2018 年第 6 期。

（二）完善海洋环境治理合作机制，提升组织与协调能力

东北亚海域的海洋治理可以从其他区域机制中汲取经验。目前区域海洋合作机制主要由综合模式和分立模式组成，综合模式注重统一与整体性，按照整体性的行动思路来设计规制，而分立模式注重个体单元的能动性，往往在一两个国家之间展开合作。① 北海—东北大西洋模式可以被概括为由分立向综合渐进，其特点则主要体现为“两高”：合作起点高、缔约成本高，依托于该地区国家在环境科学以及经济发展上的优势水平，凝聚区域共识，建立明确而细致的规定与环保条例。② 波罗的海地区的海洋环境治理是以综合模式为主。1974 年，波罗的海沿岸六国通过《保护波罗的海区域海洋环境公约》，对该地区的海洋污染问题统一立法，进一步将具体的环境污染问题细化，以附件的形式规定如何处置海洋污染问题。地中海模式采用“综合+分立”的环境治理模式，在 1976 年的《保护地中海海洋环境和沿海地区公约》（《巴塞罗那公约》）上，引入了污染者负担原则、预防原则以及可持续发展原则，并在综合性框架的基础上又以议定书形式制定各国严苛的义务规范。③

中日韩三国可以深度借鉴欧美在环境治理中的经验，从顶层设计与法律法规方面改善合作机制。中日韩之间可以借鉴“综合+分立”的治理模式，针对合作机制内部法律法规的约束力不足问题加以改

① 全永波、叶芳：《海洋环境跨区域治理研究》，中国社会科学出版社，2020，第 105—108 页。

② 刘天琦、张丽娜：《南海海洋环境区域合作治理：问题审视、模式借鉴与路径选择》，《海南大学学报（人文社会科学版）》2021 年第 2 期。

③ 姚莹：《东北亚区域海洋环境合作路径选择——“地中海模式”之证成》，《当代法学》2010 年第 5 期。

进。在基本的多边合作框架下，加入议定书规制、明确具体环境污染治理的附件、订立环境污染的责任负担原则来强化区域内成员的责任意识。另外，中日韩在海洋环境治理领域还需要建立监督与惩罚机制，尤其对个别国家公然违反国际海洋法的行为必须有所制约。这一点可以学习欧盟的做法，在已有的合作基础上尝试建立环境领域的综合决策部门，构建东北亚环境治理委员会、理事会等顶层机构。这些机构需要域内国家赋权，对各个成员的海洋利用情况进行长期监督，在同一标准的前提下对个别违反海洋环境保护法与规制的行为进行惩罚。

中日韩还需要落实环境治理先发国与后发国的责任，要坚持共同但是有区别的责任原则，具体如下：第一，各国应该采取措施保护本国管辖范围内的环境；第二，各国应当积极参与国际环境事务，通过国际合作致力于解决环境问题；第三，发达国家应该承担相应更大的责任，要求发达国家提供财政支持或是技术转让。[①] 日韩两国对海洋资源的利用开发时间跨度长，理应肩负起该地区环境治理的责任，这种责任不单单是治理成本的资源投入，更应该是理念与经验层面的对口帮扶。三国应坚持共同而有区别的责任原则，首先要注重域内海洋污染的治理，杜绝出现将污染责任转化至其他国家海域的非法行为，明确权责划分；其次要充分发挥各自的优势，定期组织环境保护经验交流与分享的国际会议，注重法律法规以及科技领域的合作，酌情向发展中国家转让或者使其得到无害环境技术和专有技术。

此外，中日韩需要建立海洋环境应急预案，学习北海沿岸国家建

---

① 王前君：《国际环境合作问题分析》，中国环境科学出版社，2007，第 109 页。

立的《应对北海油污合作协议》，相互通报情况和制定应急方案，降低各国处理紧急环境事件的成本。这要求中日韩三国在紧急情况下建立有效的信息传递与行动协调程序。一方面，传递信息需要建立区域内统一的国际机构。为了实现深层合作，所有国家应深入了解彼此海洋环境治理部门的职能范围，联合制定紧急环境事件的应急响应程序。信息传递还意味着交换相关数据和研究资料，虽然中日韩受地缘政治因素影响而缺乏信息情报合作，但三国可以尝试从海洋环境监测领域入手，推动非传统安全领域的信息交流。另一方面，行动协调需要缔约国对环境风险进行综合评估后做出适当且及时的应急反应。三国可以尝试落实《国际油污防备、反应与合作公约》。规定返还援助费用的办法，以解决分摊费用不明而引发的国际争议，[①] 最大限度避免因海洋治理费用问题而导致的“行动困境”。

（三）加强“中日韩+”在海洋环境治理领域的作用

国际机制的“外溢”效应体现为某一领域合作深入所带来的成效极有可能为其他领域合作提供动力。国际格局复杂多变的态势、来自安全领域的复合需求、地缘政治竞合等不稳定因素给国际合作提出了更高要求。2018 年，中国领导人率先提出以“中日韩+”合作模式推动东北亚地区经济繁荣的倡议，这是中国对东北亚区域合作发展和自身站位的精准研判，为中日韩以更灵活的方式推动东北亚区域合作发展奠定了基调。新冠肺炎疫情蔓延之下，区域与国际合作面临前所未有的挑战，中日韩应在互惠互利的基础上拓展合作路径，将“中日韩+”

---

① 亚历山大·基斯：《国际环境法》，张若思编译，北京法律出版社，2000，第 183—185 页。

模式应用到海洋环境领域。

鉴于中日韩与东盟国家在海洋治理领域拥有更多的契合点，这给予双方更大的合作空间，东盟的合作模式更加强调主权国家的平等权利，反对建立超国家权力机构，坚持全体一致和互不干涉内政原则，这也更符合中日韩三国的合作原则，满足东北亚一体化起步阶段的合作偏好。“中日韩+东盟”的合作模式应贯彻成员主权绝对平等的原则，将各成员纳入统一对话平台之中，通过机制化的联络，保证稳定和睦的关系，并在此基础上，开展不易产生分歧的海洋环境保护与科研领域的合作。[①] 从东盟国家角度看，“中日韩+东盟”合作机制的启动标志着涵盖东亚大多数国家的跨区域合作拉开序幕，以“东盟规范”为代表的非武力原则与区域自主式的“协商”“共识”程序也拥有了新的实践载体。

立足于东南亚与东北亚国家的迫切需求，“中日韩+”与东盟国家可以将治理新冠肺炎疫情所衍生的环境问题作为合作切入点。第一，建立成员之间有关疫情的信息联动平台，通过疫情防控的信息共享来推动东北亚地区的疫情防控合作。第二，针对疫情所带来的海洋环境污染问题及时制定相关应对政策，尤其是针对医疗废弃物、一次性个人防护设备的限制性排放，避免此类的塑料废弃物直接排入海洋而造成环境污染、病毒蔓延的风险。第三，积极与世界卫生组织、联合国环境规划署展开磋商与对话，共同商讨制定公共卫生与环境治理领域应对突发风险的必要措施。疫情的到来不仅仅是公共卫生领域的危机，更给环境治理提出现实难题。第四，共同探讨疫情后海洋蓝色经

① 王志芳、赵远良：《跨区域海洋通道合作的东北亚一体化效应》，《太平洋学报》2021 年第 4 期。